从零开始学写作

个人增值的有效方法

弘丹 著

电子工业出版社
Publishing House of Electronics Industry
北京 · BEIJING

图书在版编目（CIP）数据

从零开始学写作：个人增值的有效方法/弘丹著. —北京：电子工业出版社，2018.5

ISBN 978-7-121-34160-1

Ⅰ.①从… Ⅱ.①弘… Ⅲ.①写作学 Ⅳ.①H05

中国版本图书馆CIP数据核字（2018）第088232号

策划编辑：于 兰
责任编辑：康 霞
印　　刷：北京捷迅佳彩印刷有限公司
装　　订：北京捷迅佳彩印刷有限公司
出版发行：电子工业出版社
　　　　　北京市海淀区万寿路173信箱　　邮编：100036
开　　本：720×1000　1/16　印张：15.5　字数：220千字
版　　次：2018年5月第1版
印　　次：2024年12月第17次印刷
定　　价：49.80元

凡所购买电子工业出版社图书有缺损问题，请向购买书店调换。若书店售缺，请与本社发行部联系，联系及邮购电话：（010）88254888，88258888。

质量投诉请发邮件至zlts@phei.com.cn，盗版侵权举报请发邮件至dbqq@phei.com.cn。

本书咨询联系方式：QQ1069038421，yul@phei.com.cn。

前　言

随着各大自媒体平台的兴起，加入自媒体写作浪潮的人越来越多，我们进入了"写作时代"。在"写作时代"，每个人都应该学会清晰、简洁地表达自己的思想。写作不是作家的专属，是每个人都应该掌握的基本技能。

可能很多人觉得，写作是件遥远的事，和自己没有多大关系。有些人甚至妄自菲薄，觉得自己肯定没有写作的能力，进而丧失了一次跨越升级的机会。根据我的经验，只要你有自己的特长、爱好，都可以写作。比如，你擅长摄影、绘画、编程，或者是一位经验丰富的心理咨询师、育儿专家等。这些都需要实践才能做好，而实践中会有独到的心得体会，这是很珍贵的经验，可以通过写作来传播自己独一无二的经验。

在我看来，坚持写作是个人增值的有效方法，至少可以从三个方面实现个人增值。

- 提升思考能力，完善知识体系。写作是思考的呈现，坚持写作，能够不断提升自己的思考能力。写作的过程也是隐性知识显性化的过程，能够完善自己的知识体系。

- 提升个人品牌，扩大自己的影响力。写作是提升个人品牌的非常好的方式，一些人原本是行业内默默无闻的人，通过写作被更多人认识，甚至有些人通过写作成为自媒体大咖或行业内的领军人物。通过写作，你可以用文字跟成千上万人沟通，也有机会与全国各地甚至全世界的人交朋友。

- 通过写作，提升收入。在自媒体时代，通过写作提升收入并不是一件很难的事情。有些人甚至辞去全职工作，成为自由写作者，还有一些大咖通过写作实现了财务自由。

为了帮助写作爱好者克服写作障碍，成为出色的写作者，本书全面阐述了写作的各个过程。从心理层面讲述了如何克服写作的五大障碍、如何度过写作瓶颈期、如何克服写作拖延症；从技巧层面以标题、开头、结尾、框架等详细解剖了一篇文章的各个部分；从创作方法层面介绍了写作六步法、自媒体创作十法，以及修改文章五步法；从写作日常积累层面介绍了如何收集素材、如何丰富词汇量；从工具层面介绍了写作六大工具；从习惯养成层面介绍了培养习惯的三个阶段、斜杠青年写作时间和精力管理。

本书特色

1. 内容全面。本书涵盖了写作的方方面面，从写作的心理层面、技巧层面、创作方法层面、写作日常积累层面、写作工具层面，以及时间精力管理层面等方面做了详细介绍。

2. 可操作性强。本书由浅入深地介绍了写作各个层面的技能和方法，帮助初学者从零开始写作，爱上写作，并不断精进写作技能。

3. 克服写作障碍。大多数写作初学者首先需要解决的是写作的自信心问题，然后才是解决写作技巧的问题。本书运用心理学知识，帮助初学者克服害怕写作的障碍，真正动笔写起来。

4. 案例众多。书中列举了上百个案例，在写作初期，即使模仿操作，也能获得不错的效果。

本书读者对象

本书实用性强、案例丰富，既是写作爱好者的写作宝典，又是写作教练及语文老师的实用手册。

- 写作初学者。

- 有一定写作基础，想要精进写作技能的人员。

- 各类写作培训的学员。

- 未来从事自媒体写作方向的人员。

- 从事写作培训和语文教育的老师。

- 想通过写作提升个人品牌的人员。

- 梦想出版一本书籍的人员。

- 需要写作入门工具书的人员。

- 其他对写作有兴趣爱好的各类人员。

致 谢

本书的完成，离不开在各方面给予我支持和帮助的人们，请允许我在这里向他们表示感谢。

首先，我要感谢"21天爱上写作训练营"的学员们，是你们对写作的热情深深感染了我，你们对精进写作技能的渴望，让我萌生了写作本书的念头，你们的提问激发了我写作的灵感。同时，我要感谢"青橙学院"的小伙伴们一起帮我实现"影响10万人从零开始写作"的愿望，我们都相信写作带来的力量，希望更多人加入写作的行列，因为写作是通往精神的自由之路。感谢我的先生徐超，感谢他的陪伴和支持。在我遇到写作瓶颈时鼓励我，在我写作痛苦时无条件地陪伴我。他在 2018 年 3 月出版了《React 进阶之路》一书，深深鼓舞了我。感谢我腹中的宝宝小豆豆，他的到来让我变得更加坚强和勇敢，也让我更热爱生活。还要感谢我的编辑们，正是缘于他们的主动联系，才让我写书的念头变成行动。他们给本书提出了非常宝贵的修改意见，让本书更加完善。他们认真负责的工作态度，保证了本书的顺利问世。最后，我要感谢阅读本书的你，感谢你的信任及对写作的热爱。让我们一起爱上写作，一生笔耕不辍！

弘 丹

2018年2月10日于上海

自 序

写作本书时我正在 10056 米的高空，坐在上海飞往旧金山的飞机上。机舱的照明系统已关闭，客舱里漆黑一片，人们要么在睡觉，要么在看电影。少数灯亮着，有人拿着纸质书阅读，有人拿着 Kindle 阅读。而我，在写这篇自序。

在写这篇自序之前，我刚刚写完 5300 字的自由书写。写到最后，我的身体充满了能量，我感受到自己生命的活力。我想到这句话："写作，释放生命的能量。"

我的写作分为两部分：一部分是自由写作，另一部分是公开写作。自由写作，释放生命的能量，找回生命的热情。公开写作，建立与这个世界的互动，传达自己的思想，提升自己的影响力。

我爱自由写作，自由写作让我找回生命的能量。

我们生命的内核本身是充满能量、充满活力的，有着强大的生命力。不知为何，我们用重重的铠甲包裹起那个充满能量的自己，我们变得麻木，甚至行尸走肉。小时候那个活蹦乱跳、喜欢问十万个为什么、走在路上跟小花小草打招呼、充满好奇心的我们，如今却行色匆匆地走在路上，看不见路边的梧桐树，也看不到盛开的樱花，焦急地奔向下一个目的地。

曾经的我也是如此，总是陷入沮丧和无力的状态。写作仿佛是我的救赎，让我一层层脱下铠甲。过去的几年，我每年写几百万字，不断地书写，不断地自我反思，写着写着，把自己写明白了。我看到自己鲜活跳动的生命，它在召唤着我，呼喊着我，挣扎着想要从铠甲里出来，它想要带我拥抱这个充满能量的世界。我一点点地找回自己的本心，我"看见"了盛开的鲜花，我也"看到"一个个鲜活的生命。我的身体有了能量，我渐渐地有了生活的掌控感。

我感受到自己的变化，未曾写作之前的自己与现在的自己判若两人。我的容颜不曾变化，我住在同一个地方，在同一家公司工作，心境却发生很大改变。真正的改变是由内而外的。写作会引导着你由内而外地发生改变，成为你真正想要成为的人。

写作，也可以帮助你实现梦想。任何事物都需要经过两次创造：一次在大脑中构思，另一次在现实中实践。写作，可以帮助你在大脑中构思你的梦想，然后在现实中实现梦想。

如果你未曾尝试过自由写作，我强烈推荐你去尝试一下。通过自由写作，你会发现自己的人生使命；通过自由写作，你能够找回生命的力量；通过自由写作，你会爱上写作。

写作，也不应该止于自由写作。自由写作更多的是与内心世界的对话。除了与内心世界对话外，我们也该学会跟这个世界对话。每个人都应该为自己发声，甚至为自己所在的群体发声，写作是发声的一种途径。学会公开写作，让世界听见你的声音，让世界了解你的思想，让世界知道你的故事。

通过公开写作，你的思想可以传达到更远的地方。生命终有尽头，而文字却可以穿越时空。你和你的读者虽然未曾谋面，但他们可以通过阅读你的文字认识你、信任你。

如果不是公开写作，我只是一家500强外企的普通上班族，每天除了上班外，就不知道该干点什么，生活特别单调和无趣，又特别焦虑和迷茫，不知道未来的发展方向在哪里。是写作让我的人生发生了巨大改变。我的第一本书——《时间的格局》出版后，我成为真正意义上的作者，这是我本职工作之外的另一重身份。这个新的身份也给我带来更多机会。我有幸被古典老师邀请参加第七届做自己论坛"遇见作者"版块，我有机会在中央人民广播电台录制"品味书香"节目，介绍《时间的格局》一书……这些机会，对于未曾写作的我是根本无法想象的。

　　因为我自己是写作的受益者，所以我希望更多的人加入写作的行列。在业余时间，我一直在组织"21 天爱上写作训练营"，目前已经是第 13 期，带领 2000 多名小伙伴从零开始写作，并爱上写作。他们中有的人的文章被收录到出版的纸质书里；有的人成为专栏作者，收获几万粉丝；还有的人参加写作训练营，每周给儿子写信，成为网红，上了电视节目；还有的人签了出版合同，正在书写自己的第一本书……更重要的是，写作带给他们力量，让他们的生活发生了很多正向的改变。

　　写作不是作家的专属，在这个时代，每个人都应该学会写作，学会简洁、清晰地表达自己的思想。写作，会开启全新的生命，会带给你意想不到的收获。

　　开始写吧，你的思想值得被看见。

写于2018年1月28日上海飞往旧金山的10056米高空

修改于2018年2月8日上海青橙学院

目　录

第1章

人人都应该写作的时代

1.1　写作时代, 写作是最好的投资 003

1.2　出书, 不再是遥不可及的事 004

1.3　你该开始写作的十大理由 006

第2章

从害怕写作到提笔就写

2.1　写作的五大障碍 015

2.2　自由写作, 让你爱上写作 025

2.3　毫不费劲写作的方法 032

2.4　让写作成为一种生活方式 035

2.5　写作的六大工具 036

第3章

解密自媒体写作全过程

3.1　从3个维度提升写作能力 044

CONTENTS

3.2 解密写作全过程 047

3.3 解密文章发布全过程 054

3.4 写作的困难是与成千上万人沟通 057

第4章

自媒体创作十法

4.1 如何把生活中的小事创作为文章 063

4.2 4种训练方法 074

4.3 你的人生经历是宝贵的写作素材 080

4.4 追热点的7个方法 081

第5章

写出爆款标题的10种方法

5.1 自媒体时代的标题特征 088

5.2 标题的四大作用 089

5.3 取标题的四大原则 091

5.4 写出爆款标题的方法 092

5.5 取标题的七大误区 101

CONTENTS

第6章
如何写出精彩的开头和结尾

6.1 开头的四大作用 106

6.2 精彩开头的八大写作手法 107

6.3 精彩结尾五大写作手法 113

第7章
如何搭建文章的框架

7.1 常见的写作框架 120

7.2 逻辑混乱怎么办 133

7.3 段落之间的衔接 135

7.4 开头和结尾照应 136

第8章
如何修改文章

8.1 如何修改文章 140

8.2 语言的修改和润色 144

8.3 跟鲁迅学修改文章的技巧 148

CONTENTS

第9章
如何写出精彩的书评

9.1 明确书评的写作目的 **152**

9.2 如何写出爆款读后感 **154**

9.3 如何写出爆款书评 **160**

第10章
如何收集素材

10.1 如何收集素材 **174**

10.2 如何整理素材 **182**

10.3 如何搭建自己的素材库 **184**

第11章
如何丰富词汇

11.1 词汇的重要性 **190**

11.2 你不缺词汇,缺的是使用词汇的技巧 **191**

11.3 如何积累词汇 **195**

11.4 如何建立自己的词汇库 **196**

CONTENTS

第12章

斜杠青年的写作习惯养成记

12.1 培养习惯的3个阶段 **201**

12.2 斜杠青年的写作时间和精力管理 **210**

12.3 如何面对他人的质疑 **218**

第13章

如何度过写作瓶颈期

13.1 度过写作瓶颈期的5个方法 **223**

13.2 写作总是拖延怎么办 **225**

13.3 写作时痛苦得写不下去怎么办 **228**

13.4 如何保持写作的热情 **229**

结语 来吧！动手写本属于你自己的书 231

CONTENTS

第 *1* 章

人人都应该
写作的时代

随着各大自媒体平台的兴起，加入自媒体写作浪潮的人越来越多。有一些写作者，甚至辞去全职工作，成为自由写作者。我们进入了人人都应该写作的时代。

　　其实，美国著名社会学家阿尔文·托夫勒早在1980年出版的《第三次浪潮》一书中就预言了"写作时代"：新的经济要求掌握符号形象抽象的技巧，要求合乎逻辑地说明和表达问题的能力，以及其他方面的能力。在可以预见到的时期内，所有这些技能和特征都必须伴随最起码的若干基本技能，如"阅读技能""写作技能"和"一些（未必是大量的）数学"。

　　我们现在所处的时代正是托夫勒描述的"写作时代"，在这个时代，"阅读技能"和"写作技能"是人们所必备的技能。

1.1 写作时代，写作是最好的投资

在"写作时代"，每个人都应该学会清晰、简洁地表达自己的思想。写作不是作家的专属，是每个人都应该掌握的基本技能。

在日常工作和生活中，写作技能在很多场合被频繁使用，会写作的人很容易脱颖而出。在职场中，不管是写活动方案还是写年终总结、每周汇报都需要用到写作技能。在生活中，会写作的人在读完一本书、看完一部电影后不仅能够写出精彩的书评和影评，还能赚取稿费；去不同地方旅行之后不仅能写出精彩的游记，甚至能出版一本书。

写作是这个时代最好的自我投资方式。战隼、古典、李笑来等都呼吁大家开始写作。战隼在"100天行动分享"中提到：高回报的生活习惯中的一个重要习惯就是"写作"。古典老师谈到写作时说道：如果行动和眼光让我们能看到未来工作生活的5步，那么写作能让我们看到未来的10步。李笑来在得到专栏曾说：想要走上通往财富自由之路的你一定要学会写作。

写作也是决胜未来的关键。著名未来学家、趋势专家丹尼尔·平克在《全新思维》中写道：人类社会已经步入"右脑时代"，未来属于那些拥有与众不同思维的人，唯有拥有右脑时代的六大全新思维能力：设计感、娱乐感、意义感、故事力、交响力、共情力，即"三感三力"，才能决胜未来。一个会写作的人，其"故事力""共情力"等能力在写作过程中得到锻炼，也就意味着会写作的人依然能够在未来社会中脱颖而出。

在"写作时代"，掌握写作技能，让写作成为你个人成长的必备技能，让写作助力你的职场和生活，让写作成为你通往更美好未来的法宝。

1.2 出书，不再是遥不可及的事

如果你在专业领域有所积累，并且有一定的文字功底，愿意用文字分享自己的专长，出书并非遥不可及。普通人也能出版一本属于自己的书。

我先生是一位程序员，在工作之余将自己的技术心得写成文章发布在各大平台。在他发布了两篇文章之后，就有博文视点的编辑联系他出版书籍。写了8篇文章后，又有一位清华大学出版社的编辑联系他出书。他写的《React进阶之路》一书已经出版。

我的朋友Cheer，怀孕初期因身体不适休假在家，无意间拿起了画笔画画，并一发不可收拾，每天将画作分享到朋友圈打卡，持续了100多天。同时带领300多位零基础的画友习画。因为100天绘画的事迹，有多家电视台采访报道她。即将临盆之际，她在上海浦东图书馆举办了"100天画展"，除了展出自己的画作外，还有零基础画友们的作品。画展吸引了浦东电视台的报道，共有两万余人参观。Cheer也因此签订了自己第一本书的出版合同，主题是零基础学习水彩画。

我在2017年10月份出版了《时间的格局：让每一分钟为未来增值》一书，这本书也是通过在自媒体平台上发布原创文章，进而有编辑约稿出版的。

这三个故事讲的是普通人如何出版一本书。其实，不少知名作者也是从自己的专长出发，先在网络发布文章，然后慢慢走上出版书籍的道路。

《精进：如何成为一个很厉害的人》一书的作者采铜，是浙江大学心理学博士，知乎心理学大V，在出书之前，他在知乎回答过近1000个问题，被50多万人关注，被知乎网友公认为"知乎精神"的代表。他在2016年出版的《精进：如何成为一个很厉害的人》一书，连续两个月占领豆瓣和亚马逊最受关注图书榜，入围亚马逊中国年度新锐作家榜。

舒明月一开始只是在朋友圈发布400字的短评，发现在朋友圈特别受欢迎后在豆瓣上开了"犀读"专栏。因为豆瓣专栏阅读量很高，排名靠前，有多家出版社的编辑联系她出书。她的《大师们的写作课：好文笔是读出来的》一书一出版就登上了新书热卖排行榜。

简书一哥彭小六，一开始在简书上写作，每天发布一篇读书笔记，经过近半年的持续写作成为简书一哥，在简书有10万多关注者。他在2016年出版了第一本书——《让未来现在就来：成为高效能的行动派》，在2017年出版了第二本书——《颠覆平庸：如何成为领先的少数派》。

这样的例子还有很多。

这个时代，出书不再是遥不可及的事情。如果你有自己的专长，或在某个领域有深厚的积累，可以用写作分享自己的经验或专业知识，各个出版社的编辑会经常去各大自媒体平台看热门作者的文章，如果发现优质作者，就会联系作者，合作出书。

出书，并非遥不可及，但前提是你有一定的写作功底及深厚的积累。为了实现出书的梦想，从动笔写第一篇文章开始吧。

1.3 你该开始写作的十大理由

我们为什么要开始写作？写作可以带给我们很多价值，写作的价值可以从对内和对外两个维度来讲。对内而言，写作可以记录生活，对抗时间的流逝和遗忘，可以帮助我们进行自我探索，清理负面情绪，还可以用写作来倒逼思考。对外而言，写作可以提升逻辑和表达能力，建立个人品牌，完成出书梦想，以及通过写作实现经济独立，用写作影响他人。

虽然不是每个人都能成为作家，但每个人都应该开始写作。写作，是众生平等的，无论你身处何方，是男是女，都可以用笔来表达自己。

‖ 用写作来记录生活

许渊冲曾说："生命不是你活了多少日子，是你记住了多少日子。要让你生命里的每一个日子值得记忆。"

很多人都有想要记录生活的想法，却很少有人去行动。用文字可以记录自己的所想所思，记录生命中发生的事情。生命中有很多美好的时刻，如果不去记录，这些美好的时刻就直接流逝了。如果我们可以用文字记录这些美好时刻，那么它们就会成为永恒。

写作还可以记录稍纵即逝的灵感，用文字来将这些灵感编织在一起，使它们成为思想的瑰宝。就像罗曼·罗兰所说的："最好的美在于能够赋予瞬间即逝的东西以永恒的意义……壮烈的诗句、美妙的文章犹如罗马的铭文，永不被时代磨灭。"文字拥有将转瞬即逝的当下镌刻为永恒的能力，这是一种独特的美。

很多时候，我们想要写作并不是为了写出伟大的作品，而是想要把自己的故事说给别人听，在忙忙碌碌的生活中，用文字记录我们所想、所思、所见、所闻、所爱。

写作可以让我们的家人、朋友，甚至陌生人听见我们的故事，看见我们的"所见所闻"。即使我们的文章不一定能够流芳百世，但是通过我们写下的文字，可以让更多人了解我们，甚至可以用文字影响他人。

我们生活在世上只有短短几十年，生命终有尽头，而文字却可以穿越时空。你写下的文字是你思想的结晶，它们可以穿越时空，让后人通过阅读你的文字，了解你曾经生活的时代及你的生命故事。

‖ 用写作对抗时间的流逝和遗忘

阿根廷作家博尔赫兹曾说："我写作，不是为了名声，也不是为了特定的读者，我写作是为了光阴流逝使我心安。"当我读到这句话时，被深深打动，这也是我热爱写作的原因。

我害怕光阴的流逝，我更怕光阴流逝而自己却一无所获。随着年龄的增长，时光的流逝越来越快，记忆却越来越差，经常想不起自己在上个月，甚至上一周做过什么事情。我特别害怕时间就这么白白流逝了，当我老了，除了满脸的皱纹外，什么也没有留下。

遇见写作，我找到了与时光相处的方法。每一次坐在书桌前写作，我感受到时光的静谧和内心的安定。因为写作，我不再害怕光阴流逝。因为写作，我也不再害怕遗忘。很多事情即使忘了，依然有文字帮助我回忆过去发生的事情。

写作可以让我们心安。我们一部分的焦虑和恐惧源于死亡，终有一天，我们会离开这个世界。虽然我们的肉体无法长存，但思想却可以穿越时空。写作，在一定程度上，能让你的思想活得比肉体更久，因此在一定程度上它可以减轻死亡带来的焦虑和恐惧。

‖ 写作帮助我们更好地了解自己

阿波罗神庙前的巨型石碑上刻着一句古希腊箴言："认识你自己。"认识自己是人生最重要的功课之一。在认识自己的过程中，我们常常向外寻求答案，而忽略了向内探索。其实，当我们静下心来，向自己的内心寻求答案时，很多困惑就会变得清晰。

写作是自我沟通的最好方式，写作可以对话潜意识，让我们更了解自己。很多人说自己很迷茫，不知道自己喜欢什么。我们越迷茫，越忙碌，就越没有时间静下心来倾听内心的声音。如果你每天抽出一点时间来写作，来倾听内心的声音，你就会越来越了解自己。每天清晨的写作，就像是与自己的约会，也是与内心的对话。

在没有开始写作之前，我总是很焦虑，很迷茫，做什么事情都只有三分钟热度。写作就像杠杆的支点，开始写作之后，生活发生了很多正向的改变。几年的写作，让我比以前更了解自己。

写作是一种自我探索，通过文字挖掘内心深处的想法，写得越多，你对自我剖析就越深入。

‖ 写作帮助清理负面情绪

每个人或多或少都会有负面情绪，但生活中并不是随时随地都能找到可以倾诉的人。通过写作可以发泄情绪，及时调整自己的情绪。

情绪需要疏导，而不是压抑，用文字的方式写出内心深处真实的情绪，就是一个疏导的过程。当情绪被看见、被接纳时，情绪就会从身体里流走。当我愤怒、痛苦、悲伤、嫉妒时，我就会坐下来写作，用自由书写的方式真实地写下此刻的心情。

　　每次写完，心情就会好转。在写作过程中可以问问自己，为什么会如此愤怒，为什么会悲伤，这时候往往能挖掘到一些隐性的思维模式或引发情绪波动的开关。这是可以帮助你成长的，因为情绪背后往往蕴含着生命中的重要答案。

　　如果没有及时清理，负面情绪是一个非常沉重的负担，把负面情绪写下来，可以帮助我们更好地清理身体里的负面情绪，让身体更健康。

‖ 用写作倒逼输入和思考

　　培根曾说："阅读使人充实，会谈使人敏捷，写作与笔记使人精确。"当我开始写作之后，我发现自己在阅读、会谈和写作这三个方面都有了很大提升。

　　写作是一种输出，想要持续输出就需要大量输入。开始写作之后，我的阅读量从每年二十多本书增加到一百多本书。从宅在家里不善交谈，到主动约陌生人聊天采访他们的故事，这些都是写作带给我的变化。

　　写作也可以倒逼思考。写作是用文字表达思想的过程，你写下的文字是你思考的结晶。写作技巧等只能是辅助作用，让你的思想更缜密，但是最重要的还是你的思想。如果你的大脑空无一物，即使你有再好的写作技巧，也只能无病呻吟罢了。想要提升写作能力，最重要的是提升自己的思考力。

　　同样，写作也可以帮助我们整理杂乱的思绪，让我们更清楚地思考。写作是一种把隐性知识显性化的方式。写作可以反映我们的思想，同时又会倒逼我们更加深入地思考，因为零碎的、杂乱无章的思绪无法成为一篇完整的文章，我们必须去深入思考，去组织我们的思想。长期写作的人，其思考能力也会得到很大提升。

‖ 写作提升表达和沟通能力

　　很多人说学写作有什么用？其实，写作的用处非常多，最重要的一点就是可以提升表达和沟通能力。以前，我并不是一个喜欢表达的人，相反，是一个比较内向的女孩。通过多年的写作，我发现不管是跟别人沟通，还是做线上分享，我总是能够听到"表达清晰、逻辑清晰"这样的评价，这是长期写作的效果。因为写作的过程是梳理思考的过程，长期写作锻炼了自己的思考能力，以及清晰的表达能力。

写作是一种书面沟通的方式，长期写作可以提升书面沟通能力。有些人在写公文的时候总是特别抵触，绞尽脑汁勉强拼凑出一篇文章，却存在各种各样问题，如主题不明确、逻辑混乱、意思不清晰等。长期写作的人可以轻松搞定各种公文写作或年度总结等职场的书面沟通。

因此，学会写作有助于提升职场能力，因为任何工作都离不开思考力和沟通表达能力。

‖ 通过写作，建立个人品牌

微信的口号是："再小的个体也有自己的品牌。"美国管理学者华德士提出，21世纪的工作生存法则就是建立个人品牌。他认为，不只是企业、产品需要建立品牌，个人也需要在职场中建立个人品牌。

写作是建立个人品牌最好的方式之一。你的文章就是你个人品牌最好的载体，你过去的经历、你的思想、你在某个领域的积累，都可以通过文字传达出来。写作可以大大扩大你的社交圈，通过文字认识不同的朋友。

在职场上也可以通过写作建立个人品牌。我有一位工程师朋友，原本从事的是手机前端开发，业余时间热爱阅读和写作。有段时间，他研究区块链，并且把自己对于区块链的理解写成文章发布在网络上。他没有想到，有人力资源管理者把他的文章转给了公司老总，老总看完之后就约他见面聊天。最后，他通过了那家公司的面试，成功转行到区块链开发。这就是用一篇文章找到心仪工作的案例。

‖ 实现出书的梦想

　　每个人小时候也许都有出书的梦想。看着自己的思想变为文字，是一件特别有成就感的事情。通过写作可以实现出书的梦想，这一点我已经在前文讲述过，就不再赘述了。

‖ 通过写作实现经济独立

　　在自媒体时代，通过写作实现经济独立并不是一件特别困难的事情。我身边有不少朋友辞去全职工作成为自由写作者。自由写作者可以通过写原创文章，写各个平台的约稿，写讲书稿等实现经济独立。还有一些通过运营公众号实现经济独立，甚至年入百万元。通过写作和运营微信公众号实现经济独立的例子有不少，像特立独行的猫、六神磊磊、凯叔讲故事的王凯等。在这个时代，通过写作不仅可以实现理想、实现经济独立，甚至可以达到财富自由。

　　但用写作实现经济独立也并不是一件特别容易的事，对创作者的要求也很高，很多自媒体的原创大号都是日更的，日更一周、一个月问题都不大，但要日更365天，日更好几年，是一件非常辛苦的事情，作者很容易被掏空，因此也需要大量阅读。

　　另外，也有不少斜杠的写作者，他们有一份全职工作，利用清晨或者下班后的时间写作或运营公众号，有些人业余收入甚至比本职工作的薪水还高。既有一份稳定的工作，又可以实现写作梦想，也是一个很不错的选择。

‖ 通过写作影响他人改变

　　写作可以影响他人改变。写作可以输出自己的价值观，可以用自己的文字影响其他人。人的行为发生改变，首先要从思想上发生改变。也许，你的文字可以启发他们的思想发生改变，也许，你的故事可以引起他们共鸣，进而引发他们行动上的变化，甚至改变他们的人生。

有些人的人生轨迹就是看了一本书之后发生改变的。我自己的书——《时间的格局：让每一分钟为未来增值》，虽然不是畅销百万册的书，但也有小伙伴们告诉我，这本书带给他们很大的收获，改变了他们的生活。

一些经典的书籍穿越时空，超越地理，依然影响着我们，像《老子》《庄子》《论语》《圣经》等。

以上是我认为的写作十大优势。你可以给自己十分钟时间，静下心来思考，你到底为什么想要写作？写作能够带给你什么收获？

‖ 开始写吧，你的思想值得被看见

写作是一种"看见"。我之所以鼓励每个人都开始写作，是因为每个人的生命都值得被"看见"。很多时候，我们的生命并没有被看见，当生命不被看见时，生命的能量会被压抑。

每个人都是一部历史，你的经历值得被更多人看见。用写作记录你的历史，记录你所看见的时代。

不要神话写作，每个人都能学会写作。写作不是高高在上的，是我们每个人都应该掌握的基本能力。但很多人会觉得自己没什么内容值得写。其实，每个人都是世界上独一无二的个体，你肯定有别人不曾有的经历。你肯定在某方面有比别人更多的积累。你自己就是宝藏，只是，你没有去挖掘。

开始写吧，你的思想值得被看见。

第 **2** 章

从害怕写作
到提笔就写

随着自媒体行业的蓬勃发展，很多人萌生写作的想法，却又不敢动笔。有一些无形的障碍拦在写作的道路上。本章将详细讲述写作道路上的五大障碍，以及如何克服这五大障碍。接着介绍一种能够让你爱上写作的方法——自由写作，以及毫不费劲写作的方法。让我们一起扫清写作道路上的障碍，顺畅地开启自由写作之旅。

2.1 写作的五大障碍

我们回忆过去的写作经历时，会发现写作是一件让自己痛苦的事情。学生时代，每次写作文搜肠刮肚、东拼西凑才写成一篇文章。那时候的写作不是为了表达自己的想法，而是为了作文拿高分或者获得老师和同学的认可。即使面对作文题目无话可说，为了作文的分数，我们也要硬着头皮写下去。

正是因为学生时代的痛苦记忆，很多人毕业之后就再也没有写过文章，"作文"这个词彻底从他们的生活中消失了。写作是我们应该掌握的基本技能，因为学生时代的痛苦记忆而放弃写作，是一件非常可惜的事情。

‖ 障碍一：写作自信心问题

我到底能不能写作？写作需要天赋吗？对初学者来说，写作道路上遇到的第一个障碍不是写作技巧上的问题，而是自己能否写作的自信心问题。

很多人不敢开始写作。我在"弘丹在写作"微信公众号后台经常收到读者的留言：我也想像你一样开始写作，但是怕自己写不好。他们的内心常常涌起写作的冲动，却很不自信："我真的能写作吗？"他们一直在纠结是否要开始，而不是真正行动起来。这种纠结耗费巨大的能量，最后他们对自己说："写作是作家的事，我连小学作文都写不好，怎么能写好文章呢？"然后就放弃写作了。

还有一些人虽然动笔写了，但在写的过程中一直怀疑自己："我真的能写好吗？"这种自我怀疑的声音很强烈，让他们不敢告诉别人自己在写作，只是在默默地写着，一边写一边怀疑。

阻碍大家写作的不是写作技巧，而是写作的自信。很多人把问题错误地归咎为自己的写作技巧不足，因此听了很多关于写作技巧的分享，可是听完之后依然不敢开始写。

我刚开始写东西时，每天只是写500字左右的日记，后来创建公众号，第一篇文章的题目是《每日写作带给我的变化》，分享在朋友圈后，有一位读者留言："我觉得你只是在写日记罢了，这怎么能称为写作？"

她的留言让我开始思考，到底什么是写作？很多人觉得写作是作家的专属，只有作家才配用"写作"这个词。他们对于写作的畏惧是因为对写作的定义太神圣。

《现代写作教程》一书中对写作的定义如下：写作是用语言符号创造精神产品的思维活动过程。狭义的写作定义是指用语言符号创造文学作品的思维活动。广义的写作定义是用语言符号创造一切文章（包括文学作品）的活动过程。从广义的写作定义来说，每个人都能够写作，也都应该写作。我给写作下的定义很简单：把自己的所想所思写下来。

如果你实在觉得"写作"这个词带给你很大压力，那么你可以用"书写"来代替。"书写"这个词仿佛有神奇的魔力，当你说出这个词时，内心的压力就会减轻很多。写作和任何技能一样都是可以通过不断练习获得提升的。当你开始写作时，一定要从心底里相信自己，通过刻意练习，每个人都能掌控写作技能。在心理学上，有个词叫作"自我验证"，一旦人们有了关于自身的想法，他们就会努力证明这些自我观念。比如，你觉得自己学不会写作，你会寻找各种相关的观点来证明自己的观点。

相反，如果你从心底相信自己能够学会写作，你也会寻找相关的观点来证明自己，并开始实践。不断练习之后，你会发现自己真的学会了写作，这也是"自我验证"的表现。因此，你要给自己积极的暗示，而不是消极的暗示。

写作是一种实践。就像游泳，即使你学习了再多游泳的技巧，如果不下水练习，你永远也学不会游泳。写作也是如此，即使你知道再多写作技巧，如果你不真正写起来，永远也不知道自己到底能够写得有多好。

建立写作自信心，这是从害怕写作到提笔就写的第一步。当你克服了自我怀疑，你的写作之路就成功了一半，另一半是如何持续写下去，需要不断精进你的写作技能。

‖ 障碍二：把写作只局限在文学领域

很多人认为的"写作"只是文学领域的写作，认为写小说、诗歌、散文、剧本，才能叫作写作。文学领域的写作的确是写作的重要领域，但不是写作的全部。不会写小说、诗歌、散文等文学作品，并不代表你不会写作。

写作是现代人应该掌握的基本能力。我所说的写作，并不仅仅是指文学领域的写作，是广义的写作，指的是用文字清晰、简洁、准确地表达自己的想法，分享自己的知识和经验，传递自己的价值观。

每个人都是这个世界上独一无二的个体，每个人都可以用文字来分享自己的生活经验及所掌握的知识，这样知识和经验才能一代代地传承下去，如科技领域的《Java编程思想》等，经济管理领域的《经济学》《管理学》等，自我提升领域的《高效能人士的七个习惯》等。因此，不要只把写作局限在文学领域，写作可以应用于任何领域，是现代人应该掌握的一项基本技能。

练习写作也可以分为不同阶段。第一阶段，把文章写通顺。第二阶段，学会清晰、简洁、准确地表达自己的思路和观点。第三阶段，写出自己的著作。刚开始练习写作不需要天赋，先打好基础，写出流畅的文字，做到清晰表达自己的观点。不要以"自己没有写作天赋"为借口，心安理得地偷懒。我们先要像工匠一样，通过刻意练习训练自己的基础写作能力。

‖障碍三：过分在意他人评价

写作之所以是痛苦的事，是因为我们太在乎外界的评价。一旦别人说我们的文章写得不好，我们的内心就会有"羞耻感"。因此，在写作时放不开手脚，大脑一直用"好坏"来审视自己的文字，一边写一边自我怀疑"我这篇文章到底写得好不好"，一边写一边删除，往往一个小时都写不完1000字。过分在意他人的评价，让我们无法打开心灵自由创作，也无法感受创作带来的快乐。

即使内心渴望写作，依然很容易因为他人的评价而放弃写作。一旦别人评价自己的文章写得不够好，或者没有写作天赋，就会沮丧失望，甚至放弃写作。

很多人会因为他人的评价而放弃自己真正想做的事情。有些时候，我们的拖延也是因为害怕犯错，害怕别人的评价。过分在意他人的评价，导致我们总是以别人喜欢的方式来生活，却不去追求自己真正想要的生活。有时，甚至会为了他人的评价而放弃自己想做的事情。

如何克服这一点？《焦虑情绪调节手册》一书中提到的"蒙羞体验"，对于克服写作的第三个障碍有一定帮助。

书中讲述了律师杰弗瑞的故事。杰弗瑞是一名非常成功的律师，但他最近的一个案子失败了，非常沮丧和懊恼。作者让他告诉10个律师他的案子失败了。一开始，他特别焦虑，甚至想退缩。当他硬着头皮告诉别人时，他发现结果并不是那么难堪，10个人中有5个人根本就没注意他说了什么，继续侃侃而谈自己的事情。另外5个律师推心置腹地把自己的心里话讲给他听，他们说，听到连杰弗瑞都会输了案子，他们的压力就不是那么大了。

"蒙羞体验"让杰弗瑞发现自己大大夸大了自己在别人心中的地位，大部分人其实都是以自我为中心的，根本没有那么关注你。另外，他发现自己的脆弱反而是最大的财富。

〜〜〜〜〜〜〜〜〜〜〜〜〜〜〜〜〜〜〜〜〜〜〜〜〜〜〜〜〜〜〜〜〜〜〜〜

　　"蒙羞体验"是暴露疗法的一种，暴露疗法之所以能够发挥作用，是因为很多恐惧都是我们自己的假想，而不是事实。要克服这样的恐惧，就要直面内心假想出来的恐惧。

〜〜〜〜〜〜〜〜〜〜〜〜〜〜〜〜〜〜〜〜〜〜〜〜〜〜〜〜〜〜〜〜〜〜〜〜

　　如果你怕自己的文章写得不好，会被别人嘲笑，那我也邀请你来做一个蒙羞体验。第一，把你认为写得最烂的文章发布到网络上，如简书，看看会不会有人留言说你的文章写得太差。第二，把你的文章发给10个朋友（如果你不想让现实中的朋友知道你在写作，你可以发给网络上认识的朋友），看他们如何评价你的文章，会不会嘲笑你的文章。

　　当你去做这个蒙羞体验时，你会发现自己对于写作的恐惧其实是自己想象出来的，别人并不会嘲笑你的文章，相信蒙羞体验会帮助你提升写作自信心。

　　如果真的有小伙伴嘲笑自己，那该怎么办呢？如果真的发生了这样的情况，我们可以用成本和收益来核算继续写作带来的收益，以及放弃写作带来的损失。

　　如果你因为别人的嘲笑而放弃了写作，那么3年之后你的写作能力不会有任何提升，也许你还是不敢写作，还是怕被别人嘲笑。

　　如果你受到别人的嘲笑还是继续写作，经过3年的练习，你的写作能力有了很大提升，也许3年后你出版了一本书。那么，之前嘲笑你文章写得差的朋友，也不会再嘲笑你了，因为你已经有了自己的作品，在一定程度上证明了自己的写作能力，并且写作会给你带来更多机会，比如，和优秀的作家成为朋友，靠写作有工作之外的收入等。

　　因为别人的嘲笑而放弃努力或者写作，是典型的用别人的错误惩罚自己的方式。我们无法控制别人，但可以控制自己。如果你不想3年之后一无所获，那就继续写作吧，暂时屏蔽那些嘲笑的声音，自顾自地前行。

　　在我写作之初，也受到过别人的嘲笑，我把文章发在朋友圈里，有人说，你这也叫写文章吗？只不过是写日记罢了。但我并没有因为他人的嘲笑而放弃写作。经过几年的写作，当初嘲笑我的那些人已经开始夸我的文章写得好了。当你受到别人的嘲笑时，放弃只会让他们的嘲笑成真，而你自顾自地努力反而会让嘲笑你的人敬佩你。

但现实是很多人因为别人的一句玩笑似的嘲笑而放弃了努力。不仅对写作如此，对很多事情都是如此。几年过去了，他依然没有任何进步，依然在初学者的状态踏步，这才是最大的损失，因为时间是不可逆的。

另外，你要记住，每个人都必须经历从写得不好到写得好的过程，即使那些著名的作家也是如此。因此，在刚开始练习写作的阶段不要太在意别人的看法，更不要因为别人的评价而放弃写作。

此外，我建议一开始练习写作时不要着急把文章发布出来，先持续练习一段时间，等你真正爱上写作，或者等你的文字越来越成熟时再分享出来。这样也就不容易受到外界的影响，不会因为他人的评价而放弃写作。有些人看到别人的努力，会为了掩盖自身的不努力而习惯性地给别人泼冷水，这样别人就会放弃努力跟自己一样浑浑噩噩过日子。

另一方面，我们很容易把自己的观点或作品与我们自身等同起来。当别人评价我们的作品不好时，我们会理解为对自己的否定，因此一听到批评自己的文章时就会习惯性防卫。我们要转变思路，别人批评我们的文章可以帮助我们更快地提升自己的文章质量，而不是因为批评而放弃写作。如果有人客观地评论甚至批评你的文字，对你来说是件好事，因为你的文字又可以进步了。

‖ 障碍四：无话可说，无物可写

当你克服了前面三个障碍开始动笔写作时却发现自己不知道该写什么，无话可说，无物可写。为什么别人总是有写不完的素材，而自己却大脑空空，什么也写不出来呢？为什么别人能每天写一篇文章，自己写了几天，就像把自己掏空了一样，没什么内容可写？这是写作的第四个障碍。

第四个障碍对应两个问题。第一，到底该写什么内容？第二，该怎么写这些内容？因此，解决这个障碍也分为两个方面：一方面是提升素材的积累；另一方面是学习如何精准地表达内容。

作为一名写作者，要学会收集和整理素材。俗话说："巧妇难为无米之炊"。写作素材就像是巧妇的米，如果没有写作素材，即使有再好的写作技巧，也无法写出一篇高质量的文章。内容是文章的灵魂，写作应该言之有物。写作内容对每个人来说是千差万别的，与你过去的经历、职业、你的所见所闻、你的眼界、思考能力等息息相关。

此外，要学会将生活中的素材加工、重塑，也就是要学会成为一名"巧妇"。并且要有能力让自己保持稳定的写作频率，而不仅仅是靠灵感写作。

本书的后面章节会详细介绍如何将生活小事加工成文章，以及如何收集素材、如何整理素材来帮助大家克服第四个障碍。

‖ 障碍五：写作遇到瓶颈期，怎么办

持续写作一段时间之后就会遇到瓶颈期，不知道该如何下笔，或者写了一段时间，感觉自己在原地打转，文章没有任何进步。

在写作过程中，有时候会沮丧地发现自己好像写不出文章了。看着别人源源不断地创作出优秀的文章，内心更加焦急。这个时候其实就是陷入了写作瓶颈期。

瓶颈期是写作者最容易放弃的时候，因为在这个阶段，写作者的自我评价往往比较低，甚至怀疑自己是否有写作才华，或者怀疑写作这条道路是否是正确的选择。

如何度过写作瓶颈期，也是我们面临的写作障碍之一。本书的后面章节会详细介绍如何度过写作瓶颈期。

克服写作道路上的这五大障碍，我们的写作之路就会顺畅很多。

‖ 我是如何从零开始写作的

2015年年初，我的朋友朱教授写了一篇关于她的美女朋友想要写小说的文章。朱教授其实并不是一位教授，他是一名培训师，因为他总是一本正经，所以大家送他外号——教授。他的美女朋友想要写小说，朱教授就帮她梳理写小说的初衷。

我原本以为这只是一篇非常普通的文章，但读着读着，内心柔软的地方被深深打动。朱教授那位想要写小说的美女，她内心深处真正的想法是：写下自己的所思所想。

看完这篇文章，我发现自己一直都有这样的想法，却从未动笔。我本来是一位重度拖延症患者。说来也奇怪，看完那篇文章的第二天，我早起半个小时，在书桌前写日记。一开始是手写日记，每天早晨写400～500字，一个人默默地写了半年。半年之后开始在博客写作。然后，创建了自己的微信公众号。后来，在简书上写作。从此开启了写作之旅，持续到现在，已经有1000多天。

在写作400小时之后，我成为简书签约作者。现在我也是领英自媒体的专栏作者，微博、有书的签约作者，各个平台的入驻作者。

在写作半年以后，我问教授，你那位美女朋友开始写作了吗？教授说没有。我当时挺震惊的。故事的女主人公没有行动起来，而我这位读者反而是无心插柳柳成荫，机缘巧合开始写作。

我们往往以为自己没有行动力是因为缺乏梦想，当找到梦想时，自己一定会全力以赴。其实，很多时候，即使你知道自己的梦想是什么，也会因为惰性或者各种借口而不断推迟自己的梦想，甚至一直拖延。没有行动力，纵使有再美好的梦想，也终究只是梦想，不会成为现实。

我知道，很多人都有写下自己所想所思的想法，却一直停留在想法阶段，从未行动。这也是我组织21天爱上写作训练营的原因，想让有写作冲动的人真正动笔写起来。不动笔写，你永远不知道自己写得有多好，也不知道写作能给自己带来什么收获。真正的学习发生在行动之后，只有行动，才能让自己变得更好。

组织写作训练营，我带领2000多人从零开始写作。最让我感动的不是多少小伙伴的文章通过简书首页投稿或者文章被大号转载，而是他们通过写作找到了生命的力量，通过写作更加了解自己，通过写作爱上生活，找到生活的乐趣……向内心深处要答案，寻找自己的内驱力。当你爱上写作，也就爱上自己。

把写作当成一项练习。每天练习写作，而不是只为了写一篇文章，为了出一本书而写作。就像跑步一样，每天去持续地跑，仅仅是为了跑步本身带来的愉悦，而不是为了参加马拉松比赛。写作本身就是写作最大的收获，享受每一个写作的过程。不管心情好也罢，心情不好也罢，每天完成固定的写作字数，就把它当做每天必须完成的一门功课。

写作是一种纸上的修行。就像台湾作家林清玄说的那样："对于一个作家，文字就是最好的修行，文学就是最好的道场。我每天只要一坐到书桌前，拿起笔来，我的心就安宁了，感觉到欢喜和满足。不论生命有多么巨大的苦痛与困局，只要坐在书桌前，一切就转化了，进入了一种天真的心境。"

‖ 写作可以自嗨吗

写作可以自嗨吗？相信这是很多人心中的疑问。因为有不少作者说，写作不能自嗨，你要考虑读者的感受。因此，很多初学者一开始写作就战战兢兢，害怕自己的写作陷入自嗨状态。

对于很多人来说，写作是一件痛苦的事情，是一件很难坚持下去的事情，就是因为他的写作从来没有自嗨过。在学生时代，写作是不得已为之的，是为了考试拿高分。在自媒体时代，很多人想要开始写作，是因为别人都在写作，而且别人靠写作实现了财务自由，或者成为了自由职业者，自己也想要过这样的生活，从而加入写作行列，但是开始写作之后却觉得很痛苦，很难坚持下去。

我个人的观点恰恰相反，我觉得写作要自嗨，而且必须经历自嗨的阶段。只有真正经历过自嗨阶段，才能喜欢上写作，并且爱上写作。只有喜欢上做某件事，才会有内驱力。喜欢的事儿，自然就能坚持下去。

一开始写作完全可以用自嗨的方式，写自己真正想要表达的事情，写出内心深处的真实想法。当写作带给你心流的感觉，让你体验过创作的快乐时，你自然就会沉浸在写作的乐趣中。如果你从来没有享受到写作带给你的快乐，如果写作带给你的一直是痛苦的感觉，那么你是很难持续写下去的。谁都不可能有那么强的意志力，坚持做一件很痛苦的事情。

我认为写作的第一阶段是自嗨阶段。经历自嗨阶段，是为了感受写作带来的心流，感受创作带来的乐趣，等你真正爱上写作，你可以走出自嗨的创作阶段，开始考虑读者的感受，站在读者的角度来写作。但自嗨阶段是你持久写作的保障。如何进入自嗨阶段，你可以尝试我在后面介绍的自由写作的方式。经过写作的自嗨阶段，你会真正爱上写作。

写作的第二阶段是走出自嗨，站在读者的角度来写作。自嗨阶段的写作是一种表达，你表达自己的所思所想，不管读者有没有看懂只要自己写得畅快就行，但是作为公开写作，尤其是想要成为一名真正意义上的写作者，我们要学会站在读者的角度来写作。一些爆款文章之所以能够有千万的阅读量，除了作者的写作功底之外，更重要的是他们了解读者的痛点，能够引发读者情绪上的共鸣。

走出自嗨阶段的写作，我们可以给自己定个目标，比如，成为某个平台的签约作者。如果你能够成为签约作者，也说明你的写作在一定程度上得到认可。

第三阶段是成为畅销书作者。当你在各大平台拥有一定的粉丝，在某个领域积累一定的影响力之后，你也许能遇到一位认可你的编辑，他会抛出橄榄枝邀请你出书。出版书籍之后，你就拥有了自己的作品，可以从一名写作者升级为畅销书作者。

第四阶段是成为一流的作家。虽然这是一个普通人都能出书的时代，但要成为一流的作家还是比较艰难的，有很长的道路要走。在这个阶段，才华的重要性就突显出来了。前面三个阶段是通过拼勤奋就可以做到的，但成为一流的作家是需要才华的。就像村上春树在回答别人的提问——"对小说家来说，最为重要的资质是什么"时，村上春树回答："无须赘言，当然是才华。倘若毫无文学才华，无论何等热心与努力，恐怕也成不了小说家。说这是必要的资质，毋宁说是前提条件。如果没有燃料，再出色的汽车也无法开动。"

2.2 自由写作，让你爱上写作

前一节，我讲过写作是需要经历自嗨阶段的，但很多人从未体验过写作的自嗨状态。这一节就要给大家介绍写作如何达到自嗨状态，那就是尝试自由写作。

自由写作的英文是"Freewriting"，一看这个词就能产生一种自由的感觉。自由写作是创意写作课堂常用的写作练习，也是挖掘写作者潜力的一种训练方法。当作家遇到写作障碍或者文思枯竭时，也会采用自由写作的方式。

自由写作是一种放飞心灵的写作，丢掉写作的条条框框，写出内心深处的真实想法，而不是为了达到某种目的而写作。自由写作是写出不受理性思维约束的文字，这样的文字往往更贴近我们的心灵。

学生时代，我们非常熟悉的写作方式是构思、列大纲、动笔写作，写完的就是终稿，几乎没有修改机会，一是因为时间紧张，二是修改会让卷面不整洁，留给老师的印象不好，所以想好了再下笔。

这样的写作方式并非不好，只是会让我们觉得写作是一件特别费力的事情。要先构思、列大纲，然后再动笔写。很多人在动笔写作之前就已经被构思和列大纲这两个拦路虎吓跑了。另外，这样的写作方式也会让写作者觉得特别受束缚。写作者往往一边写一边审视自己的文字，写的过程非常煎熬。

自由写作的写作过程与我们学生时代的写作方式有所不同。自由写作是想到什么就写什么，写作前不需要先构思，写作过程中也不要去判断自己的文字。比如，写的内容是否符合逻辑，文章是否有深度，是否有错别字或文法错误等。也不要回过头修改，在规定的时间内要一直不停地写，自由自在地写。哪怕写"我实在是写不下去了"这样的句子也要坚持写10分钟或20分钟。

自由写作可以让初学者克服对写作的恐惧，当他们进行自由写作练习时，会惊讶地发现自己其实挺能写的，原来写作是一件如此畅快的事情。抛开写作的条条框框，自由自在地写，先学会自嗨地写作，才能感受到创作的快乐。我自己经常练习自由写作，每次练习自由写作都会带给我写作的心流，让我深深爱上写作。当我遇到不知道该写什么或者写不下去时，就会采用自由写作的方式来帮助自己度过写作瓶颈期。

我曾在线下写作分享中带领二十多位学员进行自由写作，设定5分钟时间。二十多人一起进行自由写作会产生神奇的效果。时间仿佛静止了，只听见沙沙的书写声。在短短5分钟内，可以写满一页A5的白纸。还有学员在短短5分钟内写出一篇优美的文章。那次经历让我感受到自由写作的神奇魔力。

‖ 自由写作的规则

自由写作可以让我们感受到写作的自由和快乐。当你一边写文章，一边重读，一边批判自己的文字，一边算着字数是否达到要求时，很难体会到写作的自由。自由写作打破常规写作的这些规则，让写作者从内心出发，勇敢地写，让心底最强烈的情感充分地表达出来。

自由写作其实也有一些规则，但这些规则不是束缚你的写作，而是帮助你突破之前常规写作的条条框框，让你更畅快地自由书写。以下是自由写作的五条规则。

1. 自由写作时，要不停地写，快速地写

不要停下来重读，也不要暂停。平常我们写作时，遇到卡壳就会停下来思考，但自由写作时，在闹钟没有响起之前都不能停笔，也不能停下来重读写下的文字。即使你实在写不下去了，你可以把当时的感受写下来。比如，"我真的没什么可写了""我到底应该写什么呢？"。写着写着，你就会有新的思路。在自由书写时，要快速地写，而不是思考好之后再写。

2. 不要删除

即使写出来的不是你原本打算写的东西，也不要删除，随它去。自由书写时，要忘记你的删除键，即使你写下的文字偏离了写作的主题也不要去删除，而是继续往前写。

3. 别担心错别字、标点符号和文法

别担心错别字、标点符号和文法。在写作过程中，集中注意力在写上，暂时不要关注是否有错别字，标点符号是否正确等。即使错了也没关系，不要因为错别字、标点符号影响你的写作思路。

4. 不要思考文章是否符合逻辑

自由书写是更加贴近内心的一种写作方式，有时候写出来的文章不是那么符合逻辑，那也没关系，我们只需要写，而不是去思考文章是否符合逻辑。

5. 写出内心深处的真实想法

有些时候，我们会压抑内心深处的真实想法，会自我评判。比如，我不该这么想，我这样太自私了等。即使在写作时，也会有这样的自我评判。在自由写作过程中，你要完全放弃这样的自我评判，心里想到什么就写什么，即使有些想法看起来不可理喻，也没有关系。

写出内心深处的真实想法一开始并不容易做到。很多时候，我们不敢写出自己的真实想法，我们害怕别人知道后会用异样的眼光看待自己，从而一直压抑着内心深处真实的想法。

有些人顾虑，我不敢让别人知道我的真实想法。这很正常，成人世界里，我们无法像小孩一样童言无忌，有些话说出来之后要承担责任。那该怎么办？也很好办，写给自己看，不要让别人看到。并不是写下来的每一篇文章都要给别人看。我每年的写作量在100万字以上，大部分文字都不会给别人看，那是我写给自己看的文字。

写作过程中要信任你的笔、信任你的心，勇敢地写出内心深处真实的想法，不要过分在意他人的评价。我手写我心，写出你的所见、所闻、所想、所思、所爱，写出你所看见的世界。这样的方式写下的文字往往蕴含着巨大的能量。

‖ 自由写作的练习

自由写作的主题是非常丰富的，你可以写任何主题。比如，你可以写此刻自己的情绪、你对未来的想象、你的梦想等。任何你想写的话题都可以成为自由写作的主题。

进行自由写作练习时，你可以选择一个主题，给自己15～20分钟，自由自在地写，想到什么就写什么。不用去思考文章是否有逻辑，是否存在语法错误，快速地写，一刻不停地写满15分钟或者20分钟。

如果你不知道该写什么主题，可以尝试以下几个主题。

- 我为什么想要开始写作。

- 我的梦想是什么。

- 五年以后，我想要成为什么样的人。

- 最难忘的一件事。

现在，我们一起来做一个自由写作的练习，以下是具体步骤。

第一步，选择一个安静的、不被打扰的空间。你可以关上房间的门、关闭网络、手机静音，排除周围环境干扰，为接下来的自由写作做好准备。

第二步，你可以打开日记本，或者找一张A4纸和一支笔，也可以打开计算机空白的Word文档来进行自由写作。

第三步，选择一个自由写作的主题。这个主题不需要像写一篇文章的主题那样，只是写作的提示，在英文中称为"prompt"。你可以选择某些主题，如爱、失败、自由等，你也可以写某个地方，如我的家乡、我的办公室、我父母的家等，甚至可以选择写某一种情绪，如生气、怨恨、悲伤、激动等。选择自己将要写作的主题，把它写在纸上或者Word文档的标题里。比如，你可以用这个标题开始："我为什么想要写作……"，在纸上写下这个标题。

第四步，设定一个计时器或者闹钟。你可以给自己定一个10～15分钟的闹钟。在这10～15分钟内，你要集中注意力写作。

第五步，当闹钟没有响起时，你要一刻不停地写，不能停笔。你可以写下任何与主题相关的想法，将大脑里的念头尽可能快地写下来。在写的过程中不要重读自己写下的文字，也不要去修改，只管往前写，直到闹钟响起再停笔。

这就是自由写作的全过程。自由写作，跟随自由流动的意识任意书写，写下一个又一个的念头。有时候，你发现困扰自己的问题会在自由写作中找到答案。

每天抽出10～15分钟的时间来进行自由写作，养成自由写作的习惯。我相信，当你不断进行自由写作时，你会爱上写作。我自己就是通过自由写作爱上写作，并持续不断写作的例子。

自由写作有着神奇的魔力。它可以让你倾听内心的声音，领悟到心灵深处的秘密，带给你顿悟。比如，以"五年后，我想要成为什么样的人"为主题，在自由书写的过程中，你会意识到，原来自己想要的是这样的生活。

‖ 自由书写，缓解写作压力

很多作者在写作时都会拖延，尤其是写约稿文章时。张爱玲的散文集中提到，她常常被编辑催稿。

人的大脑很奇怪，当我告诉自己我要写一篇文章时，大脑就会进行各种罢工。当我在写约稿文章时，如果我对自己说："这是×××平台的约稿，你要好好写啊。"我往往磨蹭很久都无法下笔，或者写写删删，一小时都写不出像样的东西，然后开始刷朋友圈，看各种八卦新闻，有时候拖了一天，也没写出文章来。

一般而言，写初稿的时候最容易拖延，因为初稿是从0到1的创作过程。我意识到自己的拖延问题，写初稿的时候，我就用自由写作的方式。标题就用"自由写作"，然后心理暗示，这是自由写作，写完还可以修改的。这时就能顺畅地写下去。然后，给自己定个倒计时，在这个时间段内要一直写，不能停。用这样的方式，初稿总是能很快写完。用自由写作的方式来写初稿，需要花时间来修改，有时候差不多是重写，但至少可以缓解写作带来的压力，让我快速写完初稿，而不是拖延。

‖ 自由写作实现梦想

日本作家熊谷正寿写过一本名为《记事本圆梦计划》的书，通过将梦想及圆梦计划写进记事本里，不论走到哪都将记事本带在身边，让化成文字的梦想或目标寸步不离地跟着自己，最终实现自己的梦想。

自由写作也可以帮助你实现梦想。就像"五年以后，我想要成为什么样的人"，自由写作的过程就是在想象未来生活的过程。

《高效能人士的七个习惯》一书的作者柯维在书中讲道："所有事物都需要经过两次创造。第一次在大脑中构思，第二次用行动付诸实现。"自由写作的方式就是在心中创造事物的过程。将心中的想法写下来就相当于在心中埋下了一颗种子。当这颗种子生根发芽时，你的梦想说不定就会在实际生活中实现。

以我自己为例，在2017年年初，我通过自由写作的方式写下了2017年的10个梦想。其中的两个梦想是出版一本书及独自旅行。这两个梦想都在2017年实现了。我的第一本书——《时间的格局：让每一分钟为未来增值》在当年10月份上市。关于独自旅行，当时的设想是在江浙沪独自旅行，没想到在当年8月份有机会去美国独自旅行。要相信，你写下的梦想会以不经意的方式在现实生活中实现。

用自由写作的方式先将大脑的构思写下来，然后在生活中实现它们。这就是自由写作实现梦想的方式。你可以用自由写作的方式来畅想未来，设计未来的生活，相信在现实中你真的可以过上你所期待的生活。

‖ 自由写作是通往精神自由之路

2017年，我的目标是影响1万人从零开始写作，因为写作是通往精神自由之路。无论我们身处怎样的环境，我们都有精神自由的权利。

维克多·弗兰克尔曾说："有一样东西，别人不能从你手中夺走，那就是最宝贵的自由。人们一直拥有在任何环境中选择自己态度和行为的自由。"

弗兰克尔在第二次世界大战期间被关进纳粹死亡营，遭遇极其悲惨，父母、妻子与兄弟都死于纳粹魔掌，唯一的亲人只剩下一个妹妹。他本人也受到严刑拷打，朝不保夕。在如此极端的情况下，他悟出了"人类终极的自由"，这种自由是纳粹永远无法剥夺的，超脱于肉体束缚之外。写作可以帮助我们找回这种"人类终极的自由"，用写作来自由表达内心深处的想法。

此外，身为女性，更应该笔耕不辍。很多女性都会习惯性地低估自己，内心不自信，觉得自己的想法是微不足道的，也就习惯了缄默不发声，久而久之，就忘记了自己还有独立的思想。写作，是让自己发声的方式。当一个人的思想被看见、被听见，她也就会感受到重视和自信。当你爱上写作，会变得更加自信，也会更喜欢自己。

开始写吧，为自己发声，为通往精神自由。

2.3 毫不费劲写作的方法

写作时，有些人往往要等到灵感出现的时候才有东西可写。而作为专业的写作者，是不能等到灵感降临时才写作的，要有能力在任何时间都可以写出优秀的文章。

《成为作家》一书中说到，成为作家的第一步就是要约束你的无意识，让它为你的写作服务。你必须教导无意识按照写作的需要流动。

当你学会约束你的无意识，你就不需要等待灵感出现才能写作，你可以什么时候想要写作，都能顺畅地写出来，也就是达到"毫不费劲写作的境界"。

怎样达到毫不费劲写作的境界？我来详细介绍下练习方法。

首先早晨起床之后马上开始写作。你需要比你习惯的起床时间早起半小时或一小时。起床之后，不要说话，不要读报纸，也不要拿起前一天晚上放在身旁的书阅读，而是要立刻开始写作。

早晨起床就写，到底该写什么呢？写什么都可以，你可以想到什么就写什么。比如，昨天晚上做的梦，如果你还能记得，就把它写下来。或者你前几天参加的活动，你可以把活动的过程及自己的感受写下来。你也可以写日常生活中的对话，真实或虚构的都可以。你也可以进行自由写作，脑海里想到什么就写什么。

早晨起床之后立马开始写作的目的不是为了写出精彩的文字或者流芳百世的句子，而是要去约束你的无意识。你可以写下任何文字，只要不是一派胡言就可以。一开始，你会觉得自己写下来的文字好像一文不值，或者只是在写流水账，但经过长期的练习，你会发现你写下来的素材其实比你预期的更有价值。

在清晨写作时需要注意的是，你要将清晨的记忆快速而不加评判地写下来。不要一边写一边评判自己的文字："我写得到底好不好？"，如果一边写一边评判，你很难把自己心中的真实想法写下来。

写完之后，你不需要立刻就去阅读你写下的文字。第二天早晨重新开始写，也不要重读你已经写下来的东西。要记住，一定要在你没有进行任何阅读之前进行写作。

在我的写作生涯中，我一直使用这个方法。每天早上起床，简单洗漱之后，我就坐在书桌前写作。大多数人起床的第一件事是打开手机看微信，或者阅读一些资讯，而我起床之后直接开始写作。在写作之前不会阅读任何文字，直到写完文章才会打开手机，这样微信的消息就不会打扰自己写作。

清晨起床后就写作的方法训练一段时间后，你会发现自己可以轻而易举、毫不费劲地写到一定字数。接下来,你要让自己的写作产量提高一倍。也就是说,以前你在早晨能够写2000字,现在你要想办法写到4000字。

用这个方法练习一段时间之后,你能够在很短的时间内就感受到这个练习所产生的效果。写作对你而言,不再是一件令你害怕、令你痛苦的事情,写作好像也不再是单调乏味的了,相反你会喜欢上写作,享受写作带给你的心灵愉悦的感觉。

清晨醒来就开始写作的方法还可以帮助你度过写作瓶颈期。无论多么优秀的作家,在写作生涯中都会遇到瓶颈期。在你的整个写作生涯中,不论什么时候,只要你面临才思枯竭的状态,你就可以用刚才介绍的方法。

当你学会早晨醒来之后就写作的方法之后,你写作的产量也提高了,接下来,你要教会自己在任何一个特定的时间段内写作。具体的训练方法如下,如果你要训练自己在下午5点写作,那么5点一到,你必须开始写作。不要找任何借口,立马放下手头的事情,进入写作状态。这样严格认真训练一段时间后,每次到了下午5点,你都能立马进入写作状态。慢慢地你可以换个时间段,比如,早晨10点,下午2点等。一到你设定的那个时间点,立刻开始写作,不能寻找任何借口。

每次练习的时间不一定要很长,可以每次只练习15分钟。你可以像早晨那样写作,写什么都可以。你可以写写你对上司、同事的看法;你可以写一个故事大纲或对话片段,或者描写一个你最近注意到的人。不管写得多么缺乏连贯性、马虎潦草,都要坚持写下去。只要你下定决心自己必须要写,你就能写。这样的练习可以让你在任何时段立刻进入写作状态。

早晨写作和在特定时间段写作的练习保持下去,一段时间后,你就能够降服你的潜意识,在任何时间随心所欲地写出流畅的文字,也就是达到毫不费劲写作的境界。

2.4 让写作成为一种生活方式

学会自由写作和毫不费劲的写作方法之后，我们要让写作成为一种生活方式。

叶圣陶和夏丏尊先生在《文心》中写道："写作是生活中的一个项目。写作与吃饭、说话、工作一样，是生活中必不可少的事情。作文是生活，而不是生活的点缀。写作便是生活本身。"

写作是一种生活方式，世间万物皆可成为写作素材。

看完一本书，合上书本，你可以写一篇读后感。比如，看完这本书有什么收获，是否赞同作者的观点，书中的哪些方法可以在生活中实践……

看完一部电视剧或者电影，你可以写一篇观后感。比如，这部电影讲的是什么故事，哪个情节给你留下深刻印象，你喜欢哪个角色，为什么喜欢这个角色……

去一个地方旅游，你可以写一篇游记。比如，游览了哪些景点，有什么特色，路上有什么所见所闻，有怎样的文化和风土人情……

听了一些在线讲座，你可以写一篇学习心得。比如，讲座分享了什么内容，有什么启发，如何将讲座里的观点运用到自己的实际生活中……

你可以描述职业或生活中遇到的困难。比如，该如何更好地跟上司相处，未来的职业规划……

你也可以记录自己的情绪。比如，我为何生气，以前是否也曾为这样的事情生气，为何伤心，为何欣喜……当你描述自己的情绪时，你对自己的情绪更加了解。

有些人会说，这样做不累吗？我看书只是为了消遣，看完不想思考；观看影视剧是为了放松，了解那么多背景知识干嘛；去名胜古迹游玩，是为了拍照，何必花心思了解当地的风土人情，写游记……

当写作已经成为你的生活方式时，做这些一点也不累，相反，写作会给你的生活增添很多乐趣。比如，旅行时，你花心思去了解当地的风土人情，你的旅行就不是走马观花，平常写作时养成的敏锐观察力，会让你在旅途中看到一般游客所看不到的事物。

写作，不仅是一种生活方式，也是一种学习方式。知识爆炸的时代，每天输入大量的信息，如果不去整理，这些信息并不能为你所用。通过写作，你可以整理这些零碎的数据，为你所用，整合吸收，转化为知识。笛卡儿曾说："我思，故我在。"对于写作者而言，可以是："我写，故我在。"

2.5 写作的六大工具

在写作训练营的分享课中常有学员问我，是手写还是使用计算机写？有什么推荐的写作工具？我发现有必要介绍写作工具。

首先来回答手写与使用计算机写作的问题。刚开始写作的小伙伴常常会纠结，到底是手写还是用计算机写作。这个问题背后有一个担忧：用计算机写作会不会写不出来，但用手写又太慢了，因此陷入两难境地。

现在大部分人都是用计算机写作，毕竟打字比手写快。手写的文章如果想要发布在自媒体平台上，还需要打字录入到计算机里，也是比较费时的。

我一开始也有这样的担忧，采用了手写方式。那时候每天在笔记本上手写400字，持续了100多天，写了满满几个笔记本。后来才开始用计算机写作。开始用计算机写作之后，写作速度有了大幅提升，毕竟打字速度快。从那之后，基本上都是用计算机写作。习惯了计算机写作之后再用手写，就会有"提笔忘字"的尴尬。

当然，手写也有手写的好处。我手写我心，手写的文字有时候更贴近内心深处的真实想法。有些时候面对计算机无话可说，用手写的方式却能打开思路。手写和计算机写作并不是二选一，而是要看自己的习惯。对于大部分人来说，以计算机写作为主，手写为辅。

解决了手写与使用计算机写作的问题之后，接下来分享6款写作工具。

‖ 简书

简书不仅是写作平台，也是不错的写作工具。我最开始使用简书时就被其简洁的写作界面吸引。在简书的主页：www.jianshu.com注册一个账号，然后单击"写文章"就可以开始写作之旅。

在简书写作，几乎不需要花时间排版，作者只需要专注写作即可。写完文章，花1～2分钟编辑一下文章，插入图片、加粗小标题等简单几步，一篇文章就编辑好了。

简书有网页版，也可下载简书App。不方便用计算机写作时，可以随时用简书的App写作。我去美国旅行时，在大巴车上无事可做，就在简书App上用手机写作，写完后上传图片，就可以发布文章，非常方便。

‖ Markdown编辑器

对于写作者来说，想要花更多的时间来写作，而不是排版。但不同自媒体平台的排版确实会花费一些时间。如果你想要节省排版时间，可以试试用Markdown编辑器写作。

用Markdown写作有以下几个优点。

第一，写作中添加简单符号即完成排版，所见即所得，让你可以更专注于文字而不是排版。

第二，兼容性好。Markdown是纯文本，兼容性非常好，所有的文本编辑器都能打开，因此不会出现文件打不开这样的尴尬情况。

第三，格式转换方便，Markdown的文本可以轻松转换为HTML、PDF、电子书等。

第四，Markdown是一种电子邮件风格的标记语言，它的标记语言非常简单。比如，你想要写标题，只需要在前面加"#"号，一级标题为"#"，二级标题为"##"，三级标题为"###"，以此类推。如果你要写列表格式，只需要在前面加上"-"就可以。如果你引用别人的文字，只需要在引用的文字前面加上">"就可以。你想要有粗体效果，用"**"包含一段文本就是粗体效果，用"*"包含一段文本就是斜体的语法。从这些例子中可以看出Markdown语法很简单。

第五，使用Markdown写作可以轻松实现多平台的排版。对于自媒体写作者来说，排版是一件费时费力的事情，而且各个平台的样式各不相同。使用Markdown写作可以轻松搞定不同平台的排版，不会出现格式错误。即使是微信公众号这个比较耗时的自媒体平台，也可以使用Markdown来排版。用Markdown写作，然后在Chrome浏览器上安装Markdown Here插件，从而可以实现一键排版。

如果你想要用Markdown写作，可以选择Markdown编辑器，如Typora、MacDown、MarkdownPad等编辑器，或者把简书切换到Markdown写作模式，就可以用Markdown来写作。

‖ 小黑屋

小黑屋是一款能够让你专注写作的软件。写作时，有时总是会以查资料为名，然后迷失在网络里。等回过神来，发现时间已经过去半个多小时，还有些时候遇到卡壳的地方就不想写了，然后逛逛网页，拖延写作。

　　小黑屋这款写作软件就是来拯救拖延写作者的，它让写作更加高效。小黑屋的"锁定"功能可以帮助作者排除其他干扰，集中全部注意力在写作上。使用小黑屋的锁定功能，计算机屏幕只能显示小黑屋的写作界面，没有完成任务之前无法退出，也无法使用计算机的其他功能。

　　锁定功能有两个选项，即字数锁定和时间锁定。选择字数锁定，必须完成选定的字数，如1000字、2000字等，不写完这些字数就无法使用计算机的其他功能。选择时间锁定，必须写满规定时间才能使用计算机的其他功能。

　　我第一次使用小黑屋软件写作就爱上了它，因为写作特别高效。写作时心无旁骛，只能听到打字的声音，那种感觉特别好。

　　用小黑屋还可以倒逼自己写完一篇文章。有一次，我用小黑屋写作，设定了4000字的写作要求，写到1000多字时，我就卡壳了，平常这个时候，我会忍不住点开网页，看看新闻，刷刷微博。但这次计算机被完全锁住了，什么也干不了。我站起来，走到客厅，吃了一根香蕉，然后再回到书桌前继续写剩下的3000字。当"锁定"功能解除时，特别有成就感。这就是小黑屋的魅力。有时候对自己狠一点，写作效率也能提高很多。

‖ Flowstate

　　如果小黑屋还满足不了你对写作速度的追求，那么你可以用Flowstate。在这款软件中你只要5秒没有输入文字，或者比你设定的时间提前退出，之前写的文字就会消失。在Flowstate里，你输入第一个字符时计时就会开始，也就没有了回头的余地，让你的文字"存活"的唯一办法就是不停写下去，直到倒计时结束。

　　这款软件的挑战可真够大的。如果没有足够的写作速度，还真是玩不起。像我现在，前面已经写下近2000字，如果写作时稍微思考一下，超过5秒，我之前写的内容就会全部消失，这可是花了一个小时写下的内容，如果消失了我会哭晕的。

正因为够刺激，写作时才更高效。有用户这么说："在我使用Flowstate写作的过程中，一方面我能感受到巨大的压力，好像身后有人紧紧追赶一般，但在压力之外，我也感觉到一种奇妙的放松，这种放松来自于排除其他干扰之后，全然专注于一件事情的愉悦——不必在意文章的格式、字体，只需关注自己的思路。"

我自己目前还不敢尝试Flowstate来写作，感兴趣的小伙伴可以挑战下。

‖ 白纸和中性笔

作为互联网时代的人，我们已经习惯了计算机写作。其实，纸笔还是非常好的写作工具。有时候面对计算机写不出来，我就会拿出一张白纸，把大脑中的想法写下来。有时会采用自问自答的方式。比如，我今天为什么写不出文章？然后在下面写自己所能够想到的原因。比如，因为最近没有看书，没有输入，也就没有输出；其实不是写不出来，就是懒得写……这也是梳理思路的方法。

纸笔是最好用的，什么时候有灵感，都可以用纸笔来写作。有些时候觉得打开计算机麻烦，就先把要点写在纸上，等有时间再整理到计算机上。

‖ 讯飞语音写作

刚才介绍的方法要么是键盘输入，要么是纸笔写作。有些人还能用语音方式写作。我认识一个朋友，每年的写作量是几百万字，每天写一万多字。如果用计算机打字，非常耗时，起码要写三四个小时。他采用的就是语音写作，用软件把语音直接转换为文字。

语音写作虽然速度快，但对写作者的挑战也大。因为说话的速度很快，如果思考的速度跟不上说话的速度，说着说着就乱了。说话时常常会有一些"呃""嗯"这样的干扰词，语音也会直接收录并转换为文字，修改的时候会比较辛苦。另外，写作者的逻辑要清晰，说出来的话才能条理清晰。

我自己目前还达不到语音写作的境界，常常说几分钟就不知道该说什么了。此外，用语音写作会比较啰唆，口语化严重，文字不简练。

语音写作不仅速度快，还可以提高表达能力和演讲能力。对于经常需要演讲，尤其是即兴演讲的人来说，倒是可以采用语音写作的方式来锻炼。

第 **3** 章

解密自媒体
写作全过程

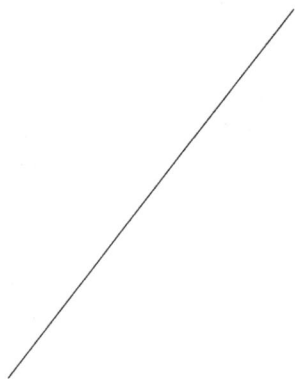

本章将介绍自媒体写作全过程。从明确写作目的、了解读者到创作六步法。接着介绍自媒体文章发布的全过程，以及主流的12个自媒体平台。

　　在介绍自媒体写作过程之前，先介绍如何从三个维度来提升写作能力。

3.1 从3个维度提升写作能力

初学者提升写作能力时往往只从一个维度出发，那就是提高自己的写作技能。从宏观上来看，写作的过程包括输入、处理（也就是信息加工能力及思考能力）和输出三个环节。如果从这三个维度一起提升，会比只提升写作技能的效果更好，进步更快。

如何从三个维度来提升写作能力？

‖ 保持高质量的输入

很多时候我们写不出文章是因为输入不够。输入就像是蓄水池的进水口，只有保持源源不断的输入才能有源源不断的输出。这个输入包括有字的书籍，也包括无字的大千世界。

持续的输入包括两个维度，一是数量，二是质量。

首先要做到大量输入。当你开始写作时，你会发现自己的阅读量会有明显提升。那是因为输入的数量要远远大于输出的数量。也许你输入10万字，才能输出1万字。

其次要提高输入质量。在计算机术语中有一个词叫作"GIGO"，也就是"garbage-in，garbage-out"，意思是无用输入，无用输出，输出质量是由输入质量决定的。我们阅读时也是如此。如果你阅读的质量不高，写作时也很难写出深刻优雅的文字。为了提高输出质量，必须要提高输入质量。因此，多阅读经典书籍，少阅读快餐式内容。

此外，生活是写作源源不断的素材来源，要养成善于观察生活、随时记录的习惯，保证写作的素材来源。

‖ 提升思考深度

写作是一个思考的过程。真正的写作在于思考，而不是写字本身。作为一名写作者，80% 的时间要花在思考上，20% 的时间把思考好的东西写出来，写字本身只占 20% 的时间。

思考得清晰，才能写得清晰。深刻的文章源于深度的思考。如何提升自己的思考能力及思考深度，这里介绍四种方法。

第一，遇到任何事情多问自己三个"为什么"。

很多时候，我们的思考只是停留于表面，知其然而不知其所以然。不断问自己"为什么"，深入挖掘，探求真相。不断自我提问，比如，"为什么是这样？""为什么会发生这样的事情？""为什么我要做这件事？"不断问自己"为什么"，挖掘内心深处的想法，也是倒逼自己思考，做出独立的判断。

第二，A4纸头脑风暴提升思考力。

这是《零秒思考》一书里介绍的方法，用1分钟在A4纸上写下你的想法。将一张A4纸横放在面前，每张纸写一个主题，1页写4 ~ 6行，每行20 ~ 30字，写每张纸所用的时间要控制在1分钟以内。这个方法虽然简单，但如果长期训练可以轻松提高深度思考的能力。

第三，使用黄金思维圈提升思考的深度。

黄金圈法则源于西蒙·斯涅克的《从"为什么"开始：乔布斯让Apple红遍世界的黄金圈法则》。黄金思维圈是帮助我们迅速看透问题本质的利器。看问题的方式分为三个层面。

- 第一个层面是what层面，也就是事物的表象，我们具体做的每一件事。
- 第二个层面是how层面，也就是我们如何实现我们想要做的事情。
- 第三个层面是why层面，也就是我们为什么做这样的事情。

大多数人思考问题从what角度出发，很少有人能从how角度出发，而站在why角度思考问题的人少之又少。

使用黄金思维圈思考，先想清楚"为什么"，才能知道该怎么做、做什么。从"为什么"出发的思维方式教我们从本质出发，因为这是一切力量的源头。以写作为例，我们首先要去思考"为什么要写作"，只有想清楚为什么，才能有动力持续写下去。

第四，熟练使用假设性思考。

思考能力强的人有一个共性，就是在平时特别注意观察和思考，在面对问题时，会从做一个假设开始，然后在解决的过程中不断验证自己的想法。

擅长假设性思考的人做事情的步骤是这样的：遇到事情迅速开始构想假设、验证假设是否正确、修正假设、再验证假设的正确性，在做事情的过程中，不断修正假设，让自己的思考更接近事实。他们总是保持高度的敏锐，对任何事情都有自己独到的见解，有问题便积极询问他人，不断修正假设，让自己的判断更接近事实。

我们平常做决定都是建立在假设的基础上的，只是很多时候我们自己意识不到这个假设的条件，或者把假设条件当成了事实。可以通过每天写反思日记或每日复盘的方式，思考每一天的决策是在什么样的假设下做出的，产生了什么样的结果，自己的假设是否正确，如果不正确该如何修正。

不断练习这四种方法，可以在一定程度上提升思考力及思考的深度。当思考力提升了，也就能写出更加深刻的文章了。

‖ 精进写作技能

写作也是一项技能，需要刻意练习才能熟能生巧。每一次写作都是一次练习，每一次阅读别人文章，拆解别人文章的写作方法，也是一种学习。

一方面，可以研究一流作家的写作方法，加以模仿和学习，提升自己的写作技能。另一方面，要动笔练习，只有真正动笔写起来，才能提高写作水平。

此外，还可以阅读写作类的书籍，如创意写作系列的书，这都可以帮助你提升写作技能。

本书所介绍的方法也是关于精进写作技能的，按照这些方法练习也可以提升自己的写作能力。

3.2 解密写作全过程

自媒体平台写作是公开写作的一种方式，我们不能只写自嗨的文章。在下笔之前，要明确写作目的，了解读者。真正动笔写作时，要根据选题、立意收集和选择素材，组织结构，写初稿，反复修改等步骤来创作一篇文章。

‖ 明确写作目的

在动笔写作之前，先要明确写作目的，也就是你为什么要写这篇文章。

初学者常常会把文章写成流水账或日记，其实就是没有思考写作目的。我们创作每一篇文章都要去思考写作目的，目的不同，选择的写作方式及写作的文体也不同。

以本章为例，本章的写作目的是让读者了解写作全过程。根据这个目的，在写作时我选择的是干货类的写作手法，详细地介绍了写作过程可以拆解为6个步骤，每个步骤分别需要注意什么。

‖ 了解你的读者

除了私密日记之外，我们写的任何作品都需要指向特定读者，因此要站在读者的角度去思考，他们有什么痛点？他们希望看到什么样的内容？

有不少写作者持有这样的想法："写作不需要考虑读者的感受。""我想写什么就写什么，读者爱看不看。""读者看不懂，是他们水平太差。"

写作需要了解读者吗？我认为是需要的。通过了解你的读者，呈现读者想要了解的内容，或者带给读者有价值的内容，你越了解读者的痛点，你写出来的文章就越能引起读者的共鸣。

余秋雨曾说："完全不考虑读者而自命清高，也是一种人生态度，有时候还是一种值得仰望的人生态度。抱有这种态度的人可以做很多事情，就是不适合写文章。"

如何更好地了解读者？可以从两方面入手。一方面是信息。你写这篇文章要给读者哪些信息？他们已经掌握了多少？如果需要对方根据你的需求做出决定，他们还需要你提供什么信息？另一方面是了解读者潜在的态度。读者看完文章会有什么样的反应？他们愿意接受你的信息还是会有抵触情绪？这些问题在很大程度上取决于你写的内容是什么。把信息和潜在态度纳入考虑范围，你能够预测读者可能提出的大部分问题。

自媒体写作者还可以采用大数据分析的方式勾勒用户行为画像。微信公众号后台就有这样的功能：女性读者和男性读者的比例、所在城市、图文阅读的方式等。另外，也可以根据每篇文章的阅读量来分析读者对哪些主题更感兴趣。你越了解你的读者，也就更有可能写出引发读者共鸣的文章。

‖ 写作六步法之：选题

选题是写作过程中最重要的步骤。选题就是选择写作的主题。

自媒体写作中常见的写作主题分为五类，第一类是思想类主题。第二类是情感类主题。第三类是认知类主题。第四类是技能类主题。第五类是趣味类主题。

写文章首先要明确主题。主题明确了才能根据主题来选择素材。文章中所有的素材、案例和故事都要紧扣主题。如果说素材像一颗颗珍珠，那么主题就是那一根把一颗颗散乱的珍珠串起来的线。如果主题不明确，那些素材就像一颗颗散落在地上的珍珠，是没有形状的，读者也很难猜到这些珍珠能够组成一个什么样的形状。

好的主题符合以下三点要求。

- 主题准确。这个准确是指要符合实际，或者符合自己的经历。

- 主题新颖。读者大多喜欢阅读新鲜的故事，因此在选择主题时要选择一些新鲜的素材，或是从一些司空见惯的事情中挖掘出新意。

- 主题深刻。挖掘事件背后蕴含的深意，要深入挖掘，透过现象看本质。

确定选题时，可以采用头脑风暴的方式思考不同的写作主题。拿出一张A4纸，列出你所能想到的所有素材，以及所有主题。想到什么就写什么，然后根据写下的内容确定写作主题。

有些时候你的选题在一定程度上已经决定了文章的阅读量。选择热门的主题，文章的阅读量会比平常高一些，选择冷门的写作主题，阅读量很可能比较小。

对于初学者而言，写文章很容易跑题，写着写着就偏离了主题，扯到与主题无关的内容上。第二种常见的情况是文章的内容非常零散，主题不明确，读者看完都不知道文章的中心思想是什么，这都是选题没有做到位。如果选题做不到位，修改时就要花很多时间来删除或者重写。

‖ 写作六步法之：立意

选定好主题之后，接下来就是立意。立意就是文章所要表达的意图和情感。立意是为整篇文章确定写作目的、主旨及中心思想。

立意的基本要求是要有新意。如果没有新意，就是别人的陈词滥调，也就没有写作的必要了。

***

清代的李渔在《闲情偶寄》里写道："意新为上，语新次之，字句之新又次之。"他的意思是，立意新是最重要的，文风的新意排第二，字句的新意排第三。

***

在如今的自媒体时代也是如此，立意上创新的文章往往能够引发读者的大量转发。好文章的作者往往能找到一个独特的、别人完全想不到的立意。如何寻找新鲜的立意？先从最常规的角度出发写下这些常规立意，至少写出三点，然后绕开它们再想新的角度。

‖ 写作六步法之：收集和选择素材

选题和立意确定之后，需要收集文章的素材。一篇完整的文章需要丰富的素材来支持。

收集素材时，第一步先用发散的思维联想素材，可以使用以下两种方法进行发散性思考。

第一种方法是头脑风暴的方式，尽可能多地联想相关素材。拿出一张A4纸，把所有能够想到的素材都写下来。

***

在头脑风暴收集素材时，不要去审视或者评判自己的想法，不要去思考是否可行，先做加法，把头脑中想到的素材都先写下来，让自己的大脑处于完全开放和兴奋状态。

***

第二种方法是九宫格思考法，把主题写在九宫格的中间，然后在另外8个格子中分别联想与主题相关的词语。比如，当你想到写作时，你会想到哪些方面？我想到了标题、开头、结尾、文采、结构、词汇、素材、文风等。然后，你还可以再选取一个词，比如，标题作为主体，继续九宫格思考。

九宫格思考法是一种发散型的思考法，从主题开始，向8个方向去思考，思考与主题相关的8个方面。九宫格思考法还可以倒逼思考，一般我们想到两三点就停止思考了，而九宫格必须要填满九个格子，因此必须思考八点，有时就能想出意想不到的创意。

第二步，去自己的素材库寻找相关主题的素材。平时我们会积累一些素材，写文章时首先去自己的素材库寻找素材。如果是电子化的素材库，你可以采用关键词搜索的方式寻找，或者去素材库相关主题下一边阅读一边筛选。

第三步，去微博、知乎、百度等收集相关的素材。去网络搜索素材，一定要先思考好自己需要什么样的素材，可以用哪几个关键词来搜索。因为搜索素材是比较费时的，自己不思考就去搜索往往很容易迷失在网络里，浪费时间。经过思考再去搜索，更有针对性，也更加高效。

第四步，筛选素材。在前面两步我们搜集了不少素材，但一篇文章的字数是有限的，不能把所有的素材都囊括进去，所以要进行筛选，要选择能表现主题的素材。

选择素材的四个要点。

● 选择与主题相关的素材。删掉那些与主题无关的素材，或者素材之间关联度不大的素材。

● 尽量选择新鲜生动的素材，而不是选择一些陈旧的、毫无新意的素材。

● 如果素材比较丰富，就选择典型的素材。典型的素材是指在某一类材料中最富有鲜明个性和典型特征、最具有代表性且能够深刻揭示文章主题的素材。

● 选择真实的素材。写作要真诚，选择素材时，也尽量要选择真实的素材。

用以上四步，确定文章所需要的素材。

‖ 写作六步法之：组织结构

选取何种方式组织文章在很大程度上取决于文章的类型，以及我们想达到的目标。

组织文章需要从两个角度来思考，第一，这篇文章按照什么顺序来写？第二，如何更好地组织素材？

文章的写作顺序有时间顺序、空间顺序、事情发展顺序、逻辑顺序等。逻辑顺序又有总分总、并列法、正反对照法等。文章的写作顺序在后面章节里会重点介绍。

组织文章时，除了考虑写作顺序还需要考虑素材的使用。一个蹩脚的写作者可以把一个有趣的素材变成一篇毫无用处的文章，一个优秀的写作者则可以把一个毫无用处的素材变成一篇饶有趣味的文章。

组织文章时，根据素材的特点，确定素材的先后顺序，先写什么素材，后写什么素材。根据素材的特点，确定素材的详略疏密。重要的素材要详细描述，次要的素材则简略写。具体的材料详细写，概括的材料简略写。读者不熟悉的材料详细写，读者已知的材料简略写。这些都是组织文章时需要考虑的。

‖ 写作六步法之：写初稿

写初稿的时候你可以把收集到的素材、想要表达的思想按照一定的组织结构快速地写出来。

写初稿的时候，要快速写，要忘记删除键，一路向前，先把初稿写好。要把"写"和"修改"分开来，不要一边写一边修改，写完之后再来修改。想到什么就写什么，不修改，不重读。

很多人觉得写作有压力，是因为想要一坐下来写就能写出好文章。因为有这样的期许，反而没有勇气坐下来写作，害怕自己写出来的文字太烂，宁愿不写。

《写出我心》一书的作者在书中写道：写作时，不要说："我将写一首诗。"这种心态会使你当场呆掉。尽量不对自己有所期许，坐在桌前说："我有写出世上最烂垃圾的自由。"要是你每一回一坐下都期待着要写出伟大作品，写作带给你的则永远只有大大的失望。此外，那份期待也会让你迟迟无法动笔。

我刚开始写作时也会有这样的期许，每次坐在书桌前写作都需要勇气，因此常常拖延自己的写作计划。

把"写初稿"和"修改"分开来，写作会变得轻松很多。每次写的时候告诉自己："先写完再说，反正后面还要修改。"在这种心理暗示之后，想到什么就写什么。

海明威说过，"一切初稿都是狗屎。"将"写"与"修改"分开来，每次坐在书桌前都告诉自己："我有写出世上最烂垃圾的自由"。然后埋头开始写作。

‖ 写作六步法之：修改

修改是写作的重中之重。好文章不是写出来的，而是改出来的。修改的时候从读者的角度出发，修改文章的内容、结构和语言。关于如何修改，在后面的章节还会详细介绍。

以上六个步骤就是文章创作的全过程。

以我自己写的文章《应届毕业生，你还想挤破脑袋去世界500强外企吗？》为例来说明写作过程。

写作目的。分享自己和朋友在外企工作的经验，以及在外企工作面临的挑战和裁员风险。

了解读者。这篇文章首发在简书平台，考虑到简书的受众80%以上是90后和80后。他们要么还是学生党，要么是入职场0 ～ 5年的人。他们更关心的是选择去外企工作是否是一个明智的选择。

选题。回想自己毕业时热切渴望进入外企工作的心情，现在依然有很多应届毕业生非要加入世界500强外企，再结合受众也是关心是否应该去外企工作，所以选择了应届毕业生是否应该选择外企作为写作的主题。

立意。这篇文章的主旨是什么？根据自己及朋友在外企工作的经历，选择外企工作并不像10年前那么光鲜亮丽，相反有职业发展的天花板及裁员的风险。这篇文章的立意是外企并非你想象得那么风光，要客观认清在外企工作的现状。当然，不管去哪个公司都有其优势和劣势，因此在结尾做了升华：在不确定的时代，不管你选择外企、国企还是民企，都很难找到一家可以工作一辈子的企业。无论选择什么样的企业，你都应该持续学习和成长。

收集素材阶段。本身是在外企工作，入职后经历过组织架构的调整，目睹同事被裁员，但这些素材还不够充分。有一次线下活动，遇到Tina，她刚被裁员，因为总部关闭了亚太区的分公司。增加了她的素材，让我意识到可以动笔写这篇文章。

这篇文章被简书推到首页，并被简书日报收录，在首页做了封面图推广，在简书平台阅读量2.2万多，喜欢数近1000，评论超过200条。此外，在微信公众号有近50多个大号转载，包括清华南都、生涯研习社等自媒体平台。

3.3 解密文章发布全过程

在纸媒时代，文章写完之后接下来是投稿，然后等待编辑审核。审核通过之后文章会印刷在报刊杂志上。在自媒体时代，接下来要做的是文章发布。

‖ 选择发布平台

在自媒体时代，文章写完之后我们要考虑的是发布在哪个平台。

文章发布的渠道有很多。主流的自媒体平台有以下12个：微信公众号、微博、豆瓣、知乎、简书、今日头条、一点资讯、百度百家号、大鱼号、企鹅媒体平台、网易自媒体、搜狐自媒体。

如果你有时间和精力，推荐全平台发布。在各个平台注册账号，文章写完发布到各大平台。

在发布文章时要注意文章发布的顺序。通常情况下文章先发布在今日头条，因为今日头条是机器推荐，如果你的文章在今日头条的平台已经发布过了，机器认定这是重复的文章，就不会推荐你的文章。有些时候你在其他平台发布的文章会被抢先抄袭到今日头条，你自己发布时就属于旧文了。此外，今日头条已经有原创保护的标识，发布文章时，首发在今日头条的平台，推荐量也会相对比较高。

对于大部分自媒体人来说，微信公众号是最重要的平台之一，因此第二个发布平台为微信公众号。微信公众号有原创标识，原创的文章一定要标上原创标识，这样文字就不会被别人抄袭。剩下10个平台的发布顺序关系不大。

很多平台有同步功能，如一点资讯、企鹅媒体平台、网易自媒体等，绑定了微信公众号之后，会自动同步微信公众号发布的文章，不必手动复制更新。

在纸媒时代，文章发布之后就大功告成了。在自媒体时代并不是如此。与读者的互动也是非常重要的。尽量及时回复读者的留言。在与读者互动的过程中，也可以更加了解读者的喜好及他们关心的话题等，可以为以后的选题提供思路。

另外，与读者互动的过程中也可以发现文章的问题。比如，有些地方阐述不够清楚，有错别字等。发现问题之后要及时修改。新媒体文章修改起来是非常方便的，不像纸媒时代，文章刊登之后就不能修改了。我在阅读张爱玲的散文集时，看到张爱玲发布的勘误文章，说明之前某篇文章有哪些笔误、在此更正等。发现笔误，及时修改，这是新媒体的优势。

‖ 数据追踪

文章发布之后，要及时复盘文章的阅读量、点赞数、评论数、转发量等。每篇文章写完之后，都可以统计这些数据。通过一段时间的积累，可以根据统计数据总结出自己比较擅长写哪一类型的文章，读者喜欢看哪一类型的文章等。简书一哥彭小六自己编写程序，统计简书文章的阅读量，从数据可以清晰看到每篇文章的情况，一方面可以由此来调整自己的写作方向，另一方面也可以总结每月的写作情况。

‖ 与读者互动

对于自媒体写作来说，发布文章只是第一步，文章发布的后续行为会影响文章的阅读量。

首先，文章发布后自己通读一遍，确保没有错别字和病句。虽然在文章发布之前已经修改过几遍，但有时候还是会不小心写了错别字。因此文章发布之后要再重读一遍，如果发现错别字和病句，要及时修改。有些时候读者也会在评论区指出文章中的错别字，你看到留言后要立马去修改，并对读者表示感谢。

其次，回复文章的留言。文章发布之后要及时回复读者的留言。在简书，文章的留言会影响文章的热度和在首页的排名。及时回复留言，一方面可以帮助你增加文章的热度。另一方面，也可与读者近距离交流。

回复读者的留言，你能够知道读者对这篇文章的看法及建议。经常回复留言，可以帮助你更加了解读者，写文章时，也能够直击读者痛点，引起读者共鸣。

‖ 文章备份

很多写作者直接在写作平台上写文章。比如，直接在简书上写文章。文章写完之后再复制到各大平台。

我个人觉得，文章写完之后一定要备份，如果平台出现问题，还可以找到以前写的文章。比如，有一次小密圈突然全面瘫痪，无法访问。如果你的文章只发布在小密圈的平台，那么在小密圈的平台没有恢复前，你就无法导出之前写的文章。

李笑来在写作《把时间当作朋友》时就遇到这样的情况，初稿写完后，网站数据库损坏，书稿没了，他只好重新写一遍。因此，在不同平台发布文章后也要在自己的计算机、云盘、云笔记里备份。虽然平台挂掉的概率比较小，但也要做备份，以防万一。

另外一个问题就是版本管理。有时候文章发布之后会发现一些错别字，或者又有新的想法会修改文章。修改完后记得备份最新的文章。

我自己喜欢在word里写作，定稿后再发布到各大平台，这样既可以在自己的计算机中备份，又不会因为网络问题导致文章没有保存，丢失写下的文字。有一位写作朋友就发生过这样的事情。在某平台写了5000多字的文章，突然之间找不到了，辛辛苦苦写下的5000字就消失了，重新写一遍也不是刚才写下的语言。文稿没有成功保存是最让写作者抓狂的一件事，一定要引以为戒。

3.4 写作的困难是与成千上万人沟通

我们往往认为写作仅仅是一种表达方式。其实，写作不仅是一种表达方式，更是一种沟通方式。

表达和沟通只是从字面上理解可能感觉差别不大。从沟通的过程来看，可以明显感受到两者的差别。《沟通圣经》这本书中用如下流程表示沟通的过程。从沟通的过程可以看出，沟通的过程包括接收者接收到信息，并提供反馈。

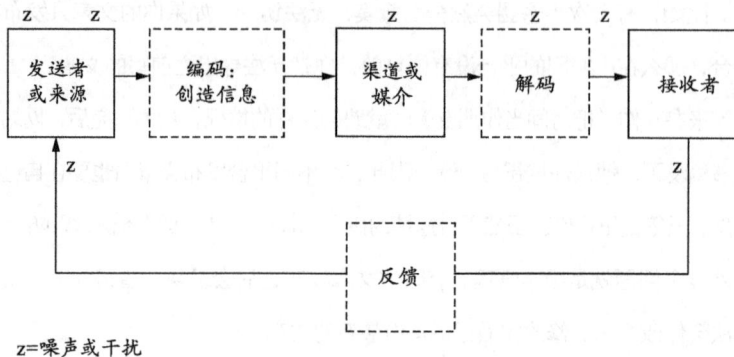

```
  z    z           z        z    z
┌──────┐   ┌ ─ ─ ─ ┐   ┌──────┐   ┌ ─ ─ ─ ┐   ┌──────┐
│发送者│→ │编码： │→ │渠道或│→ │解码  │→ │接收者│
│或来源│   │创造信息│   │媒介  │   │      │   │      │
└──────┘   └ ─ ─ ─ ┘   └──────┘   └ ─ ─ ─ ┘   └──────┘
     ↑  z                                        z
     │                ┌ ─ ─ ─ ┐
     └────────────────│反馈  │───────────────────┘
                      └ ─ ─ ─ ┘
```

z=噪声或干扰

而表达的过程只是发送者创造信息，至于渠道或媒介及接收者是否接收到了信息与发送者无关，更不用说反馈了。用流程来表示表达的过程。

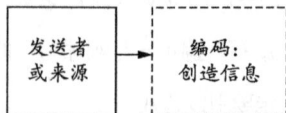

```
┌──────┐   ┌ ─ ─ ─ ┐
│发送者│→ │编码： │
│或来源│   │创造信息│
└──────┘   └ ─ ─ ─ ┘
```

自媒体时代的写作过程更接近于沟通过程。写完文章后我们要考虑发布的渠道，不同的写作平台，读者的群体也各有不同，比如，简书的读者群80%左右是90后和80后，那么在这个平台你写的文章如果与90后关心的内容有关，则更容易获得高阅读量。

文章在不同渠道发布之后还需要去了解文章的读者接收到了多少信息，文章是否引起他们的共鸣。同时也要与读者互动，读者的留言相当于给文章做出的反馈，通过读者留言得到的反馈来判断沟通效果。

我们希望自己写的文章阅读量更大，希望更多读者接收到我们所要传达的内容，希望他们看完文章能够理解我们所说的内容，更喜欢他们能接受我们所阐述的观点、理念和思维等，如果他们能够改变行为或者态度，那么对于写作者来说是最大的肯定。

　　有人会认为，写作就是为了表达自己的想法，不应该考虑读者。如果为了读者而写作，那写作就不纯粹了。其实写作或多或少都是为了沟通。在写私密文章时，我们是与内心的自己沟通，不断书写，更加了解自己，了解内心深处的真实想法，并相应地采取行动或改变思维。公开写作既包含与内心的自己沟通也包含与读者的沟通，具体比例需要每位作者自己去权衡。

　　美国多产的畅销书作家、《肖申克的救赎》一书的作者斯蒂芬·金在《写作回忆录》中讲述自己的写作过程。写完小说后，他会第一时间给妻子阅读。当妻子阅读时，他会观察妻子的反应，如果妻子哈哈大笑，说明这部分情节写得精彩。如果妻子读完没有什么表情，说明这部分内容不够精彩。斯蒂芬·金认为写作者至少要写两稿。第一稿关起门来写给自己，第二稿敞开门来写给读者。

　　此外，采用沟通的语言来写作会让文章充满感情。为了使文章写得生动，有一种方法是想象与读者对话。比如，写吵架的语言，就假想有一个敌人需要被你说服，你要跟他吵架；写恋爱的文章，就假设你是在写给你的爱人，这样写出来的文字就有力量，才能写到读者的心坎里去。写作时，学会跟读者恋爱，或者吵架也就掌握了艺术创作的精髓。

　　只与一个人沟通，有时还会觉得困难，认为对方没有明白自己表达的意思。有时每个人对同一个词语的理解各不相同。比如，有一次与朋友约会，我们定好下周三。约时间那天刚好是周日，她是以周一为一周的开始，而我是以周日为一周的开始，因此我们所理解的下周三是不同的。我理解的下周三对她而言是下下周三。我们错过了约会时间。"下周三"是看似明确的词语，依然会产生误解，更不用说因文化、生活环境、个人经历及个性不同所产生的沟通障碍了。

　　写作是与多人沟通，甚至与成千上万人沟通，这种沟通的难度可想而知。因此，在写作时，尽量要用明确的词语，减少误解的产生。沟通最大的难度在于理解对方。你要理解对方关心的是什么话题，他已经有哪些知识储备，你用什么方式来表达，对方更容易理解。

李笑来曾说："公开写作，基本上是个寻找最大公约数的游戏。"寻找最大公约数的前提是，你知道对方是什么样的情况，你才能知道你们之间的"最大公约数"大概是多少。因此，你有能力理解多少人，就最多能拥有多少读者。

写作时尽量少用专业名词。有些人觉得自己的文章写得越深奥难懂，说明自己的水平越高。学术论文另当别论，日常写作还是尽量用大家都听得懂的词语。唐代诗人白居易做完一首诗会先念给老年妇女听，如果对方没听懂，就回去修改，力求做到老妪能解。那些千古传诵的名篇，大多也是通俗易懂，老少皆宜的。

有时候文章的传播效果会出乎我们的意料。花了很大心血写的文章，阅读量寥寥，而有些自认为写得不怎么样的文章，反而能够大量传播。有时候文章写完了，阅读量的事就不是自己能左右的了。

解决方案就是多写文章。一方面，多写文章可以不断磨炼自己的写作技能，另一方面收到的反馈可以让我们深入了解读者的需求，可以在一定程度上把握读者的喜好，跳出"我怎么知道别人要什么"的怪圈。

第 4 章

自媒体创作十法

写作最难的部分不是写作技巧，而是要言之有物。而这言之有物，也可以用素材丰富这个词来解释。

　　说到素材，写作者往往会认为自己缺乏素材，因此花了很多时间去收集素材。没有素材是一种错觉，我们缺的是将素材转为文章的能力，也就是素材的加工能力。

　　同样是看电视剧《欢乐颂》，人家能写出《'欢乐颂'，当贫穷和出身成为一种原罪》，而你看完什么都不记得了。同样是去台湾旅行，人家能出版一本《从北京到台湾，这么近，那么远》，而你旅行结束，都记不清自己去了哪些地方。同样在职场工作，有人能把职场的见闻写成《杜拉拉升职记》，而你却只是几十年如一日地重复自己的工作。

　　《写出我心》的作者娜塔莉在书中写道：作家有两条命。他们平时过着寻常的日子，在蔬果杂货店里、过马路和早上更衣准备上班时，手脚都不比别人慢。然后作家还有受过训练的另一部分，这一部分让他们得以再活一次。那就是坐下来，再次审视自己的生命，复习一遍，端详生命的肌理和细节。

　　写作者与普通人不同的地方在于，他们能够将自己生活中所经历的事情通过分辨、加工、重塑、创作为作品。本章的主要内容是讲述如何把生活中的小事创作为文章。

4.1 如何把生活中的小事创作为文章

以前学校写作文的经历让我们误以为写作文是写名人的故事，发生在自己生活中的小事不值得写到文章里。其实，这是一个误区。写文章要写真正感动自己的事情，只有真情实感，才能打动自己，打动读者。生活中发生的事情是最好的写作素材。

但对于大部分人来说，生活是平淡的，不像电视剧，每集都能上演惊心动魄的事情。因此，有些写作者认为自己缺乏丰富的经验，缺乏写作素材。其实，他们缺乏的不是素材，而是加工素材的能力。如何将生活中发生的小事写成文章，是写作者需要提升的能力。

介绍十种自媒体创作的方法，把生活中的小事创作为精彩的文章。

‖ 把生活中的小事写成故事

每个人的人生都是一部小说，每个人都是小说的一部分。有些人的爱恨情愁、跌宕起伏甚至比电视剧还精彩。我们在生活中会听到一些传奇的事情，这些事情可以成为我们笔下故事的主人公。有些作者甚至能够把生活中的各种小事写成引人入胜的故事。

写生活中的故事重要的是真情实感。如果生活中一件事感动了你，你可以写出来。让人们引起情感上的共鸣。写生活中的故事也需要一些写作技巧。如果是写成流水账或者日记的形式，也许看的人并没有那么多，也不一定能引起他人的共鸣。我们挑选自己的经历，升华到普世的价值观，引起读者的共鸣。读者虽然读的是你的故事，却能够联想到自己的经历，这就是共鸣的过程。

我很喜欢阅读豆瓣用户——鼹鼠的土豆的文章。她的文章取材经常是生活中的小事。她不是简单的写流水账，而是能够写成或暖心或捧腹的故事。

她的文章《来！我背着你！》讲了她小时候的玩伴少玲和云升的故事。

今天是村里幼儿园领被子的日子，我给我家老大领被子，看到云升领着少玲的二闺女正在办手续，幼儿园的工作人员问云升："您是孩子什么人？"云升回头看看后面排队的街坊，大声回答"我是她爸！"后面的人群一下就响起了窃窃私语的声音。

少玲家跟我们家是世交，我们家祖上是养马养车的，他们家是开镖局的，前几辈人经常合作，我小时候很羡慕他家的哥哥们能够习武打拳，经常去少玲家玩。少玲爸爸只有少玲一个女孩，视若珍宝。少玲的大伯们生了一屋子男孩，就这一个女孩，稀罕得不得了。

云升是少玲爸的亲传弟子，云升5岁那年拜师，少玲爸没有儿子，把一身的功夫都教给了云升。我爸活着的时候跟我说有一年开春摔跤，云升把少玲的哥哥们都胜了，因为这事，少玲的大伯们埋怨少玲爸把家传的武学教给了外人，云升为了这个更孝顺他师傅。云升16岁那年，家里人中煤气都没了，只有云升因为在高中住校幸免于难。少玲爸心疼云升，云升也把少玲家人当亲人。

云升当兵，去送他的是少玲一家，云升回来探亲看的也是少玲一家，云升在部队感冒了，少玲爸开车6小时去部队看云升。

少玲嫁给了一户家境殷实的拆迁户，连着生了两个闺女，婆婆翻脸了，少玲男人听他妈的话开始打少玲。复员回来的云升听说了以后去拆迁户家又打又砸，把少玲和孩子接回家去派出所自首，被关了半年，工作也丢了。

出来以后云升去村里库房做了司机，少玲离婚后，那家人不要孩子，两孩子都判给了少玲，可是少玲去迁户口，那家人却不愿意。眼看孩子要上学了，少玲着急的不行。云升带着少玲去，那家人一下就怕了，老太太扔出户口本说："给你，两赔钱货你就养去吧！我儿子找大姑娘给我生孙子。"

少玲前夫后来真的找了大姑娘，真的生了个男孩，可是不知怎么回事发现孩子不是亲生的，又办离婚，又因为财产打官司。

我看到云升拎着被子，又领着孩子就让他跟我一起走，云升说："开车不好走，我们从村里过去就行了。"让孩子管我叫姨，叫我闺女姐姐。我低声问他："跟少玲领证了？"他摸摸头嘿嘿笑着说："领了，放心吧！"

云升把装被子的包挂在脖子上，高声跟我说："走了啊！"蹲下来跟孩子说："来！我背着你！"少玲家老二高兴地爬上云升的背，回头向我们挥挥手，两个人唱着歌回家了。

文笔非常朴实，很多读者留言：看完感动哭了；真实的故事，最感动人。

除了故事打动人，鼹鼠的土豆的写作手法也是值得我们学习的。

开头留下悬念。文章第一段，幼儿园工作人员问："您是孩子什么人？"云升回答："我是她爸"。为什么人群开始窃窃私语？这就是作者留下的悬念，吸引读者继续往下阅读。

接下来，作者用简练的笔墨介绍了少玲和云升小时候的故事，以及长大后各自的际遇。让人唏嘘不已。少玲和云升从小青梅竹马，也许早就该在一起。只是这些年兜兜转转，彼此错过了。中间部分的描述取舍得当，几十年的经历，挑选了重点的情节来描述，而不是用流水账的方式讲述小时候到成年的故事。

在结尾，作者低声问云升："跟少玲领证了？"云升摸摸头嘿嘿笑着说："领了，放心吧！"简短的对话，既解开了开头"我是她爸"的疑惑，又给少玲和云升的故事做了结尾，有情人终成眷属。结尾一段细节描写，读完特别温暖。"来！我背着你！"点了题。

生活中我们遇到触动自己的事情也可以采用故事的写法，将这些小事创作为引人入胜的文章。

台湾著名作家吴念真是把生活中发生的小事加工成故事的顶级高手。他被誉为"全台湾最会讲故事的人"。他的作品《这些人，那些事》讲的就是他身边人的故事，有些甚至是他不经意听来的故事，但他却能从这些平常的事情中，创作出一个个经久不衰的故事。如果你想要提升写故事的能力，可以研究下吴念真老先生是怎么创作故事的。

‖ 从小事中挖掘深刻的道理

生活中，总会发生各种小事，作为写作者要保持一种敏感度。要多问自己几个"为什么"，去挖掘小事背后的道理。

生活是写作源源不断的素材库。艺术源于生活，又高于生活。当我们选取了素材之后，如何加工，就靠你的思考能力和写作水平了。同样的食材，新手和大厨做出来的菜肴差距就是很大。我们要做的就是不断练习，不断刻意模仿。

不要觉得自己的生活很枯燥和单调，没什么可写的素材。我们非常熟悉的《背影》讲的是一件很小的事情，朱自清的爸爸跨过月台去给他买橘子。龙应台的《目送》讲的也是几件很小的事情，送儿子上学，儿子没有转身，父亲送自己上学，去看望生病的父亲。这样的生活经历我们都曾有过。只是我们很容易忽略生活中这些细节，而优秀的作家会捕捉生活中的细节，投注情感，写出感人肺腑的名篇。

当我们阅读《背影》、阅读《目送》的时候会非常感动，为什么呢？因为我们都有过这样的经历，作者讲出了我们想要表达却不知道如何表达的情感。

我之前写过一篇文章——《爱不爱自己，只看三点》。这篇文章的素材非常简单，丈夫外出参加聚会，我一个人在家，随便煮了点面条作为午餐。就是这么一件小事，我却写出了一篇爆文，不仅在简书的阅读量很高，而且超过50个公众号转载。

这么小的一件事，有什么值得写的？如果不是因为自己是一名写作者，这样平常的事情确实也不会放在心上。作为一名作者，会比普通人更敏感。我忍不住问了自己一个"为什么？"为什么丈夫不在家，我就懒得做饭？

进而我发现很多女性都有类似的经历：老公孩子在家时，总是会做一桌子菜，而自己一个人在家时，就随便应付。我们为家庭做了一辈子的饭，却不愿意为自己做一顿可口的饭菜。写着写着就想到了《爱不爱自己，只看三点》这个标题。

第二点是写是否关注自己的健康。之前听说了不少猝死的新闻，但这些素材不知道该如何转换成文章。在写这篇文章的时候恰好用上了。由此说明，生活中遇到素材一定要先积累起来，说不定以后在某篇文章里可以用到。

文章中当然也引用了生活中其他一些小事，但如果不是因为写这篇文章，也不会联想起另外的那几件小事。

以生活小事为素材写的文章，如果能够引起读者的共鸣，阅读量也会比较高。发生在你身上的小事，也许也曾发生在读者身上，因此读者阅读时就会产生共鸣，会感同身受。

有些人觉得生活中没什么素材可写，其实是因为你不知道如何去挖掘这些小事背后的价值。对于大多数人来说，生活中发生的大多是小事。如果天天发生大事，那生活岂不是鸡犬不宁。

关键不在于事小不小，而在于你如何挖掘小事背后的道理。那些困扰你的、引发你思考的小事都可以成为你的写作素材。关键是要去思考，不仅仅是描述一件事，而是这件事引发了自己什么思考，或者引发了自己什么情感。另外，选材切入点也很重要。每个事情可以从很多角度来写，选择什么角度来写也是一项技能。你越了解自己，越了解读者，你对于选择切入点也会更加得心应手。

‖ 找共性，串联法

生活中发生的小事可以根据一个主题把不同的事情串联起来。畅销书作家一直特立独行的猫写过一篇文章，名为《一个小地方出来的中专女生，现在一年赚一百多万啊！》，讲了三个小故事。

第一个故事讲的是安装升降晾衣架的师傅。师傅说他从2004年来北京就做这个装升降衣架的活儿，到现在做了12年了。在北京打工多年，给儿子买了房子、车子，儿子也结婚了。

作者总结道：其实技术工作就是这样，靠手艺靠经验，很多人以为简单的东西其实并不简单。一个工作干得深入了，才能看到里面的门道儿，当然，赚钱也才能越来越多。

第二个故事是4S店的保安。作者的车发生碰撞，在4S店里等拖车，与门口的保安聊了起来。保安问她："你买房了吗？"听到作者说买了，保安说："那你不错，我也买了，在通州。我把老婆孩子都接过来了，我们都一起住，老婆在家看孩子，我打工。你看我经常早晚班一起上，不怎么回家。多挣钱，男人嘛，对不对。"一个保安靠着自己的努力，给妻儿一个安稳的家，自己觉得很幸福很骄傲。作者认为这是她那天在4S店里听到最感动的故事，一直念念不忘。

前两个故事是引子，第三个故事才是重点，就是题目里讲的一年赚一百多万的中专女生。这个女生是作者朋友大王的媳妇。小地方出来，学历也不高，却靠着自己的奋斗，年入一百多万。

这三个故事不是随随便便地堆砌，而是为了说明共同的主题：他们三个人就是一个城市里最普通的三个小人物，他们没我们学历高，没我们背景好，也没什么所谓的平台和起点，连抱怨父母不给力或者社会不公平的机会也没有。这种方法就是生活小事串联法。根据主题，把生活中遇到过、听到过的小事串联起来。

‖ 干货法

现代社会所需要的技能远远超出古人的想象。因此，现代人必须保持终生学习的习惯。在生活中，如果你经历了某种事情，获得了某种经验，就可以把这些经验分享出来。

比如，你申请过美国签证，你就可以将这件小事写成一篇干货类文章《我是怎样获得十年签证的》。如果读者正好也需要申请美国签证，就可以从你的文章中了解申请的流程及注意事项。又比如，在职场中，你是面试官，你发现应届生面试的时候总是犯一些常见的错误，那么你就可以总结一篇文章《面试过程中，你一定要注意这7件事》等。

我常常鼓励写作训练营的小伙伴们从自己的专业出发，用文字分享自己的专业所长。比如，有学员是儿科医生，那么她可以分享儿童如何预防感冒等儿科中最常见的病症及预防措施。

在自媒体写作大营中，干货类写作也是重要的一部分。我自己写的大部分文章都属于干货类，比如，《想从零开始写作，5个方法让你轻松入门》《如何有效阅读一本书，写出精彩的书评？》《3个方法让你的学习效率提升3倍》等。

干货类文章的重点是方法，你要提供解决问题的实用方法。以下是我总结的干货类写作的要点。

- 主题明确。你要解决什么问题。比如，提升学习效率。整篇文章围绕提升学习效率这个主题。

- 方法实用，讲述清晰。干货类文章是为了给读者提供方法论，你提供的方法要对读者有帮助，而且最好是读者所不知道的方法，这样对读者才有意义。在写作过程中，要用简洁、清晰的语言把方法的步骤讲清楚。

- 加入生活案例。如果只是写方法，文章就太枯燥了，变成了干巴巴的说明文。在写干货文时也要加入一些生活的故事和案例，一方面用来佐证方法，另一方面让你的文章更有趣，毕竟故事读起来更加轻松、有趣。

- 加入金句。即使是干货类文章，也要提炼出几个金句，既可以升华文章的内容，也可以让读者印象深刻。

- 标题体现干货和价值。干货类文章在标题里就要体现满满的干货，让读者看完标题就认为这篇文章能够带给他收获。干货类标题可以带有数字，比如，《想从零开始写作，5个方法让你轻松入门》等。

‖ 问答法

提问和回答的写作方式也是自媒体写作中常见的写作方式。秋叶大叔的公众号常常采用这种方式。秋叶大叔的公众号基本是日更的，他哪来这么多的写作主题？他的写作主题很多是读者或者网友的提问。

我们先来看下从2017年10月9日到2017年10月12日这几天，秋叶大叔文章的标题：《为什么我不能坚持？》《为什么我不选择做自由职业者？》《如何快速切入培训师这个行业？》《请问要怎么做，才能让招聘的HR感触"哎哟，这个人不错！"》《一张图教你看懂热爱工作的真相》《什么是复杂技能？》

这些文章几乎都是以一个问题为标题，然后在文章中，秋叶大叔用自己的职场经验来回答读者的困惑，给出独家的解决方案。

问答类的写作过程也就是提出问题、解决问题的过程。如果你是经验丰富的职场高手，你就可以采用秋叶大叔的写作手法，用提问和解决方案的方式来给读者答疑解惑，并且提供独家的解决方案。这样的写作方式，写作主题源源不断。

回答读者的提问还可以锻炼自己的思考能力。一段时间的积累，能够非常清楚地了解自己的受众群体，了解他们的痛点及需求，这样写文章也就更有针对性。

如果你不知道该回答什么问题，可以去逛逛知乎、百度知道、手百问答等问答类平台，网友的提问会给你源源不断的问题。你不仅可以根据网友的问题写成一篇文章，还可以将自己的回答复制到问题下面作为回答，在不同的问答平台积累粉丝。

‖ 时评法

以前报纸和杂志通常有时评文章。其实，这样的时评文章在自媒体时代也是非常受欢迎的。因为读者对热点的事件非常关心。

时评文章一般根据热点事件，结合自己的故事，阐述自己的解读和评论。时评文章的阅读量会比平时的文章更高，因为热点话题自带流量，写时评文章就可以蹭上热点的流量。如果观点独树一帜很容易成为爆款的10w+文章。

时评文章的特点是"评"，就事论事，就事说理，以热点事件作为评论对象，针对某一件具体的事情来评说。时评文章的写作要点如下。

- 简单概述热点事件。
- 根据热点事件，进行多角度、多层次的评析和解读。
- 联系现实生活中的例子或者结合自己的故事进行阐述。
- 提出解决方案。根据热点事件，分析背后发生的原因，探求一定的解决方案。这部分可写也可不写。毕竟不是每个热点事件都能提出解决方案。
- 得出结论或者结尾金句结束。针对热点事件或社会现象，在评论的基础上得出结论，强化自己的观点，或者以金句结束，引发读者的反思和共鸣。

追热点是自媒体写作者的基本能力，后面章节我还会具体介绍追热点的方法。

‖ 访谈法

写自己的故事和过去的经历，毕竟素材是有限的，写着写着就没有素材可以写了。传统纸媒通常有人物刊，采访一些名人故事。在自媒体时代，也可以用访谈的方式来写作。不过，写作方式可以与传统的采访不一样。

传统的报纸杂志一般都采访名人。如果没有好的背景和平台，个人是很难采访到名人的。其实，每个人身上都有独特的故事，只要你能找到亮点，找到普通人身上的故事，这样的人就可以成为你的采访对象。

我之前写过一些访谈类的文章，比如，《25岁，人生重新开始》《努力的姑娘，运气都不会太差》《大学生，如何在毕业前攒下8万块？》等，这些都是访谈类文章，而且访谈对象不是名人大咖，只是身边人。

‖ 浓缩萃取法

我们可以把自己看过的书、看过的电影、听过的演讲整理成笔记，触发感想，再萃取精华，成为一篇文章。

每年阅读100本书以上的自媒体达人Warfalcon，他经常把自己看过的书分享给读者，采用的方式就是浓缩萃取法。比如，他的文章《把这21条最基本的时间管理建议变习惯，你就是精英》是他看完《吃掉那只青蛙》触发的感想，以及书中的21条时间管理建议。文章《忽视失败，掩饰错误，你正毁掉最宝贵的学习机会》是他看完《黑匣子思维》触发的感想，概括书中的精华。

平常我们看完一本书也可以采用这样的方式来写一篇书评或者读后感。看完一部电影可以写一篇影评或者观后感，听完一个演讲可以写一篇听后感，参加一个活动可以写活动收获和总结。萃取精华法将我们的所见、所闻、所学、所读浓缩为精华，分享给读者，给读者带去价值。

‖ 深夜十则

中学时代我们学过《论语十则》，摘录了《论语》中的十则。在自媒体时代也可以模仿这个样式。

比如，将大脑中的一些灵感和个人生活的感想写成像"深夜十则"这样的小短文。在文章里，可以写十则能够引起读者共鸣的感触，与读者分享和探讨。

剽悍一只猫的文章有自己鲜明的特色，他时常采用"深夜十则"这样的方式，一方面可以拉近与读者的距离，另一方面，还可以把自己零碎的思想整理成一篇文章。平常有灵感和想法时可以随时记录下来，等积累到一定程度，可以将这些随感组合成文章。

V先生专栏的作者V先生有一个栏目叫作《V先生日知录》，用日知录的方式将每日的所思所想整理成文。每日的思考也能给读者带去启发，引发读者的思考。

‖ 吐槽法

生活中发生的一些小事，有时候忍不住要吐槽一下。我之前写的文章《不要再给我送书了，我讨厌看书》就是一篇吐槽文。公司组织了生日会，有交换礼物的环节，我带了一本书去交换，结果书被冷落了。由此引发了我的思考和吐槽。我发布了这篇文章后在简书引起了热烈的讨论，文章也被简书官方公众号及其他公众号转载。有的读者也遇到过跟我类似的经历，还有些读者说，我最喜欢别人送自己书作为礼物，有人说书要送给合适的人，而不是送给不爱书的人。

自媒体的写作是一种互动式写作，你在吐槽时会引发有类似经历的人一起开始讨论和互动。

写吐槽文常常是幽默的文风，往往会写得比较有趣。在自媒体写作中有趣的文章往往容易脱颖而出。社会节奏如此之快，人们的生活压力如此之大，阅读一些轻松有趣的文章，也是生活的调剂品。比如，《糗事百科》收集各种尴尬的糗事。如果你在生活中发生了一些糗事，也可以用这样的方式分享出来。

4.2　4种训练方法

前面介绍了如何将生活中小事创作为文章，有些读者会问，如何来提升将生活中的小事创作为文章的能力呢？接下来介绍4种练习方法。

‖ 让你立刻停下来的3件事

如何将生活中的小事根据某个主题串联起来？如何挖掘不同小事之间的联系？这是将生活小事写成故事的困难所在。

创意写作课堂中有专门的练习来帮助写作者挖掘不同事件之间的联系。一位美国教授设计了一个关于发现和思考的写作训练，让学生们写"让我立刻停下来的3件事"。具体的操作方法如下，在一周之内，每隔两三天写下一件让自己立刻停下来的事。比如，这个月10号你最好的朋友在车祸中受伤了；12号，气温突然变冷，从10℃急降到了零度，因气温突降发生了出乎意料的事；14号你本来约了一场非常重要的访谈，结果突然被取消了。

写这3则即兴笔记时可长可短，笔调可以严肃、沉重、戏谑、困惑、喜悦、失望，一切都取决于这3件事的性质和描写时的心情。如果在一周内你只能写出2件"让你立刻停下来的事情"，那就从自己的回忆中找一段过去的经历，但这件事最好是在自己的脑海里萦绕了很久的事。在写这3件事时，你还可以思考下，这3件事为什么引起了你的注意，为什么会让你立刻停下来。

写完这3件事，接下来需要在这随意写下的3件事中找出它们相互联系的线索，发现它们的内涵或意义。也许你会觉得把这3件事联系在一起有一些牵强附会，但是只要能够把这3件事联系起来，就会创造出无限可能，而且会创作出出乎意料的故事。

你可以根据同一个主题把这三件事联系在一起，你也可以根据一种感觉把这3件事联系起来……当你找到它们之间的联系之后，你可以写一两段有思想深度的分析性文字。

"让你立刻停下来的三件事"，这个方法的训练目的是让写作者对周围的事物更加敏感，去发现一些已经知道但还没有意识到的事情，通过刻意寻找和发现，从生活中获得丰富的写作素材。

这个练习也让我们意识到，写作素材就在我们的日常生活中，就在我们难忘的记忆里。但是这些素材想要成为写作的题材，还需要作者进行思考、分析，找到素材之间的联系。这种联系不一定要写出来，但这种联系的发现很可能就是写作的立意或主题。

每个月可以定期采用这种方法来训练自己挖掘事件之间内在联系的能力。这样的练习能锻炼你发现和思考及寻找独特写作视角的能力。

‖ 拼贴法

艺术创作中有一种叫作"拼贴画"，拼贴画是一种由许多材料组成的艺术作品。这些材料甚至可以是废旧物品或自然材料，如纸张、织物、邮票、塑料、标签、瓶盖、火柴、纽扣、自然材料（树皮、叶子、种子、蛋壳、贝壳等）等。"拼贴画"可以让你用各种各样的材料做出惊人的艺术品。拼贴分为如下两步。

- 第一步：调研和收集，从"碎片化"的素材中挑选出与个人设计主题最契合的部分元素。
- 第二步：对元素进行糅合、重组、叠加，从而创作出令人惊艳的艺术作品。

类似于艺术创作的"拼贴画"，写作时也可以用拼贴的方法来创作一篇文章。用拼贴的方法来写作有两种方式。第一种是从各种杂志、旧报纸中剪下吸引你的照片和事件，然后挑出3 ~ 5张放在书桌上，根据挑选出来的照片和事件进行拼贴，创作出一篇完整的文章。

第二种拼贴法是将自己写的一些独立事件进行拼贴。比如，你用自由写作的方式，写下3 ~ 5个独立的、以某种方式彼此相关的事件，然后把它们的顺序打乱，重新安排顺序，用拼贴的方式让自己的文章呈现不同的可能性，最终创作出让自己惊喜的文章。

在写作时，可以尝试用拼贴法，自媒体创作十法中介绍的第三个方法"找共性，串联法"其实也是拼贴法的一种，根据同一个主题，把独立的事件拼贴在一起。

‖ 卡片法

你可以在卡片上写下一些关键词，然后随机抽取某几张卡片，根据卡片上的内容，创作一篇文章。

Dinty W. Moore教授的《罐头中的实验型小散文》书中，他要求学生准备4张特大的卡片，第一张"描述一种你曾经闻过的气味"；第二张"描写你所爱的人的某个部位"；第三张"写一句你曾经听过的话，一句你年轻时经常听到的话"；第四张"创建一个由30个词组成的列表，词与词之间没有任何联系"。然后根据4张卡片上的内容，用拼贴的形式写一篇文章。

当你根据卡片上的提示，用拼贴的方式完成一篇文章时，你会为自己发现的意想不到的关联和古怪的逻辑感到惊奇。

Dinty W. Moore教授设计的这个训练是反驳"所有孩提时期的故事都应该按照时间顺序来讲述的"的教法，他认为"有时在看似毫不相关的并置陈述中，我们会有新的发现和洞见。换句话说，逻辑并不是通往真理的唯一途径"。

仿照Dinty W. Moore教授设计的卡片写作法，我们可以在卡片上写下一些毫无关联的句子或者信息，然后发挥自己的洞察力，将过去发生的事情按照意想不到的逻辑串联起来。

与DintyW.Moore的卡片法类似，在《开发故事创意》一书中也提到了卡片法来创作故事的游戏，书中把这个游戏称为"CLOSAT游戏"。这个单词的每一个字母都有自己的含义。

C=Character，某个人物。

L=Location，可视化的地点。

O=Object，让人好奇或者能够引起共鸣的物件。

S=Situation，充满矛盾或者揭示性的情境。

A=Act，不同寻常或揭示性的行动。

T=Theme，任何你感兴趣的主题。

你可以自己制作CLOSAT卡片，在你制作每一张卡片时，就能锻炼你写故事的能力。在《开发故事创意》一书中，作者举了一个典型的CLOSAT卡片的示例，这是一张人物卡片，描述了这样一个人物。

罗尼，电影院经理　C（人物）

一个70多岁的老人，银白的头发齐刷刷地梳到后面，以盖住秃顶的部分。身穿廉价的西裤和衬衣，戴一副沉重的金丝镜框飞行眼镜，护住银色的眼睛。他像一个水手一样咒骂这破败的电影院，哀悼好莱坞峥嵘的过往岁月和黑白电影时代。他微笑着欢迎任何65岁以上的顾客，却对其他人怒目相待。他不停地抽烟，不停地喝咖啡。

模仿这一张人物卡，你可以写下生活中某个人物，如你的同事、你的家人或者你的朋友，也可以是在路上偶然遇到的陌生人，你可以描述他的外貌、神情、动作、爱好、性格特点等。

当你创作完CLOSAT这六张卡片时，你把它们放在你的跟前，根据这六张卡片的内容来创作一个故事。

在平时的生活中你可以丰富CLOSAT卡片，每次看到有趣的人物就写一张C，看到特别的地点就写一张L，看到引发你好奇的物件就写一张O，遇到充满矛盾的事件就写一张S，看到不同寻常的行为就写一张A，想到某些主题可以写一张T。这也是一种收集写作素材的方式。

当你的CLOSAT卡越来越丰富，在写作时，你可以从每一类卡片中抽出一张，然后把六张卡片放在眼前，根据卡片的内容来创作故事，这也是卡片创作法。

除了自己收集卡片的内容，你还可以使用一些现成的卡片，如OH卡。OH卡也称为潜意识投射卡。我觉得是一种非常好的创作故事的卡片。我曾经参加某次OH卡线下活动，主持人让每个小组随机抽取4张牌，然后在5分钟内根据卡片上的画面编一个故事。编完故事每个小组派一个代表分享小组故事。游戏的过程很有意思，每个人都特别有创意，在短短5分钟内编好了故事，而且脑洞大开，有不少惊险的、离奇的、感人的故事。那一次活动让我意识到每个人都有创作的能力，只是很多时候我们没有去使用自己编故事的能力。你可以随机抽取OH卡，根据OH卡上的画面来创作故事，这也是一种卡片创作法。

‖ 创作纪念册法

如果你想要根据曾经发生在自己身上的故事来创作文章，那么可以试试"创作纪念册法"。美国创意写作教授Daniel Nester教学生"创作自己的白色纪念册"的方法。他的训练方法是：每个学生选一个自己处在人生十字路口的时间段，或正在经历一场蜕变的时期，写一系列微型散文，每一篇控制在300～400字。写作顺序如下。

- 生命中的那一天。
- 年鉴，也就是这一年的年度事件。
- 路上的故事。

- 大事记。

- 岁月金曲。

- 众所周知的日子。

- 家与新闻报道。

- 大日子或大日子之前的准备。

- 标志性的故事。

- 朋友。

写完这10篇300 ～ 400字的小短文，再按照一定的顺序来重新组合这些小短文。Daniel Nester教授让学生按照开头、（1）（7）（6）（9）（10）（2）（4）（5）（3）（8）、结尾的方式来排列重组这些小短文。

重组好之后，再试着用第三人称，用现在时态来讲述这个故事。Daniel Nester教授之所以布置这个作业是想让学生用一连串短小的微型散文，通过最后的定稿顺序，写出属于自己的"白色纪念册"。

我们也可以使用Daniel Nester教授创作白色纪念册的方法来创作自己的故事。你可以根据他的方法写10篇小短文，然后根据一定的顺序来排列这些小短文，创作出不一样的故事。

从这10篇小短文的主题我们还可以学到一种写作方式，就是把自己的故事跟这一年发生的大事件，以及这一年的流行趋势，如歌曲、影视剧等结合起来，还可以把自己的故事放置在社会大环境中，去回顾这一年国家发生了什么大事。我们在写自己的故事时，很容易陷在自己的视野中，只看到自己的故事，而看不到社会环境的变化。根据Daniel Nester的训练方法，我们可以把个人事件和周围环境及社会大事件结合在一起，创作的角度就会不一样。

以上4种训练方法虽然各不相同，但背后有共同的逻辑。

- 都要求学生写自己真实体验过的事情，或者发生在自己身上的事情。

- 重新排列人生的片段,可以创作出意想不到的文章。
- 文章形散神不散,每篇文章都围绕明确的主题。
- 不同的片段组合,寻找生活的意义和真相。

4.3 你的人生经历是宝贵的写作素材

严歌苓曾说:"写得最好的一定是亲身经历的。"太年轻成为职业作家在严歌苓看来并非好事,她认为,一个人应当先有职业再来当作家。

严歌苓写作最好的是童年和真正当舞蹈演员、当随军记者的时间。到了美国留学后,严歌苓打工、端盘子,没有人知道她是职业作家,体验到种族歧视,也看到很多华人在美国的生活。后来她根据从朋友那里听到的故事,加上自己的体验,写出了《少女小渔》,在她眼中,小渔的故事就像她自己的故事一样。严歌苓在创作非自身经历的小说时,也都会去实地调研和体验,真正去感受故事主人公所处的环境。

每个人的写作都离不开自己的人生经历,我们或多或少会在文字中出现过往的人生经历。我们的人生经历也是最宝贵的写作素材。曹雪芹的《红楼梦》取材于自己家族的故事及早年的人生经历。张爱玲的小说也大多改编于自己家族的故事。一些微信公众号的文章也是取材于自己的故事、身边朋友的故事等。

每个人能够写什么是有局限性的,跟自己的阅历、写作风格等有很大关系。美籍华人陈瑜在其最新作品《30岁趁势而为》一书中提到5年前她的《30岁前别结婚》非常畅销，她觉得自己什么都能写。

　　写书并不能给她带去足够丰厚的薪酬回报，她决定从事报酬丰厚的影视剧本创作，况且她住在好莱坞，有近水楼台先得月的优势。

　　两年的时间，她写了不少小说和剧本，但都没有后文。兜兜转转两年，她才意识到自己不是全能型的作家，小说和非小说的写作差异巨大。她的亲人和朋友们都建议她写职场领域的文章，因为她在职场领域有足够的积累。她31岁任美国洛杉矶市副市长，35岁成为精英CEO猎头，在猎头行业有深厚的积累。最后，她回归了职场领域的写作，创作了《30岁趁势而为》这本书。

　　陈瑜的尝试让我明白，作为写作者，你并不是全能的，并不是说，任何素材、任何领域都可以写，而是要立足于自己擅长的领域来写。对于陈瑜来说，写剧本、写小说并不是她的优势，而且相关的积累也很少。

　　相反，职场写作是她的优势，她有着非常丰富的职场经历，有着非常光鲜的履历，这是她独一无二的写作素材。5年前，她的《30岁前别结婚》之所以畅销，与她的职场经历有很大关系。幸运的是，她又回到了职场领域写作。

4.4　追热点的7个方法

　　一般热点事件往往能够带来更大流量，阅读量也会大大提升。因此，追热点是自媒体人的基本能力，但热点也不是那么好追，别以为人家追热点能写出10w+的文章，就代表你追热点也能写出10w+的文章。追热点的人很多，如何让自己的文章脱颖而出？怎么样追热点才可以追得出彩，又不至于庸俗？

热点事件可以分为两类，一类是可预见的热点事件，如各种节日（情人节、儿童节、中秋节等）、热门电影、热门体育赛事、重大活动等，这些都属于可预见的热点。可预见的热点一般是可以提前准备的。你可以在日历上提前圈出本月或者下月的热点事件，然后提前搜集素材，写好文章，做好准备。第二类是突发的热点事件，比如，在国庆假期最后一天，鹿晗突然在微博宣布了女朋友。

对于突发的热点，一方面要争分夺秒，抢占时间，尽快发文，如果你能在热点事件发生的1小时之内发文，就容易占据先发优势，也更容易被读者转发。另一方面，还需要寻找独特的写作角度，才能在众多同类文章中脱颖而出。

追热点其实也是有套路的。总结了以下7个追热点的方式。

‖ 盘点式

热点事件出来后，先第一时间盘点与事件相关的素材。盘点法是比较容易写的，写作时，只需要围绕热点事件的某一个切入点来进行素材整理就可以。盘点法可以帮助读者了解事件背后的更多素材，而且图文并茂，容易让读者觉得干货满满，瞬间长知识。

比如，莱昂纳多·迪卡普里奥拿奥斯卡影帝这一热点事件，结合奥斯卡影帝这一属性，可以写如《小李子终于获奖了！奥斯卡影帝竟然开这些车？》《小李子终获奥斯卡影帝，更有十大颁奖礼必看瞬间！》等这样的盘点图文。

‖ 评论式

评论式是热点文章最常使用的写作手法。热点事件出来后，你怎么看？摆出自己的观点，然后举几个故事来论证自己的观点。

常见的评论式写作在开头部分将热点内容用自己的语言复述一遍，让读者大致了解下这个热点事件。内容部分可以先写其他人的观点，比如，新浪微博上与热点相关的微博或者评论，可以整理出一部分有意思的内容。然后重点讲一讲自己对这个事件的看法，以及相应的论据。结尾部分可以再做一个总结。最后，结合热点事件取一个有吸引力的标题。比如，还是以莱昂纳多拿影帝的热点事件写的文章——《小李子凭什么拿奥斯卡影帝能引起全球轰动》就是评论式写成的热点文章。

‖分析式

写热点也可以写出有深度的文章，比如，用分析式来梳理热点事件。用分析式来写热点，可以选择其中一个细小的切入点进行分析。

对于分析式来说，选择切入点是非常重要的。选择切入点时，可以从自己擅长的领域切入，或者是选择有创意、新颖的角度切入，这样的切入点不仅能够引起读者的围观和认可，还能从千千万万的热点文章中脱颖而出。比如，《携程虐童事件之后，科技企业能干点什么？》《比携程"虐童事件"更应关注的是幼师的辛酸》，这两篇文章都选择了独特的切入点，前者从科技企业的角度来思考，后者从幼师的辛酸来阐述。

‖吐槽式

在追热点的时候，你也可以用吐槽方式来写作。如果你是一个有趣的人，平常还喜欢看各种冷笑话段子，遇到一些有喜感的热点事件，你就可以尝试用吐槽的方式，或者把标题写成段子的感觉。

吐槽式的写作框架跟评论式类似，你需要找各种素材来说明你的槽点。但是，吐槽的文章文字风格要幽默，或者配图多选用一些搞笑表情和图片。比如，根据朋友圈广告这个热点事件，用图文并茂的方式写成的吐槽文：《世界上最遥远的距离，是你刷到了宝马，我却只看到了可乐》。

‖ 唱反调

写唱反调的热点文章不仅需要独立的观点、深度分析的能力，还要找到足够的素材来证明观点。另外，有些时候跟大家不一样的观点很容易被读者语言攻击或者谩骂，所以也需要有强大的心理素质。

‖ 信息图式

分析式写作的升级建立在对热点足够了解的基础上对信息的加工，以比较清晰的展示方式，超强的逻辑表达，帮助读者快速捕捉到足够多的信息，在大家看了比较多的图文之后，不失为一种比较有趣的表达方式。

比如，《一张图告诉你冬奥会申奥成功打什么牌更靠谱》《一张图告诉你北京雾霾到底有多毒》等图表式文章。但是，制作信息图需要花比较长的时间收集材料，如果赶时间，就不太适合采用信息图法。

‖ 软文式

追热点的最高境界是结合热点写软文。既追上热点，提高了阅读量，还能推广产品或者课程，真是一石三鸟啊。

秋叶大叔写的《谁才是〈天才枪手〉里最厉害的人？》，在文章开头，秋叶大叔简单介绍了电影的剧情及自己的评价，用一句话概括这个片子：有钱人雇两个天才学生作弊，一个愤世嫉俗的天才幡然悔悟，一个眼里容不得沙子的天才就此沉沦。

大部分文章都在套路女主角天才小琳，而秋叶大叔却别出心裁，关注看起来笨笨的格蕾丝。通过分析影片的情节，得出结论：格蕾丝看起来是纯洁无害的乖乖女，其实是深懂人脉运营的女神啊。

第三部分，秋叶大叔分享了几条人脉高手的做派，比如，尊重你身边的每一个普通人，说不定他未来会成为你的黄金人脉。

文章最后秋叶大叔推出了《黄金人脉一课通》的课程。看到最后，你才发现，秋叶大叔这不仅仅是在追热点啊，而是用电影里的故事在说明人脉的重要性，目的是推广人脉课程。但读者看完之后不仅不会反感，反而会意识到人脉真的很重要，下单购买人脉课程。

这才是追热点高手的文章，热点追得好是可以直接产生经济效益的。追热点虽然能够在一定程度上提升阅读量，但并不是所有的热点都应该追。追热点时，作者还应该注意以下几个事项。

- 多追可预期的热点，少追突发热点。追可预期的热点可以根据自己的节奏来安排写作进度。而追突发热点，则要求作者在事件发生的短时间内就写出一篇高质量的文章，对作者来说，是一件拼体力、拼智力、拼实力的事情。有些热点事件往往在深夜或者凌晨发生，作者需要熬夜或早起写文章。写热点文章，对于作者的选题能力、平时的素材积累、文笔等都是一个考验。长期追突发热点，也会打乱作者平常规律的作息，让作者处于长期焦虑状态。

- 有选择性追热点。热点事件要符合自己的个人品牌，并不是所有的热点都适合去追。比如，你的公众号定位是职场干货类，结果经常去追娱乐圈的八卦，这是不太符合公众号定位的，也不利个人品牌的建设。

- 追热点时，不可为了过度追求阅读量而对别人进行人身攻击或者侵犯别人权利。

- 追热点时，不要散布谣言或者不了解事实真相就随意猜测。

- 追热点也要适度。如果过度追热点，只要热点事件出现就去追热点，读者很容易对这样的微信公众号产生反感。况且，热点追不好，是会有反面效果的。

第 **5** 章

写出爆款标题
的 10 种方法

俗话说"题好一半文"，对于自媒体写作者来说，要争夺用户宝贵的注意力，标题的作用不可小觑。标题在一篇文章中所占的比重高达50%，标题很大程度上决定了一篇文章的打开率和阅读量。同样的内容，换了一个标题之后，一篇阅读量几千的文章可以瞬间变成10w+的文章。

　　内文重结构，标题重技巧。内文的提升是比较缓慢的，需要日积月累。标题的提升是比较快的，毕竟标题只有一句话。通过刻意的练习、模仿，运用一些技巧，就可以快速提升写标题的能力。

5.1 自媒体时代的标题特征

在古代，只有文人才有能力吟诗作对写文章。因此，文章的标题并不像自媒体时代这样重要。自媒体时代是一个全民写作的时代，数据显示，中国有1000多万个微信公众号，更不用说今日头条、豆瓣、知乎、简书、一点资讯等自媒体平台。如何在浩瀚汪洋的文章中脱颖而出，吸引读者阅读自己的文章？这就靠标题的功力。

自媒体时代文章的标题更像是文案的标题，而不是传统文学作品的标题。文案的一些原则应用在自媒体写作上是非常有效的，比如，像《月薪3千与月薪3万的文案，差别究竟在哪里？》这样的标题，这也是自媒体写作与传统写作的不同之处。

标题之所以变得如此重要，主要是受两个方面的因素影响。一方面，在古代，能够识字的人是少数，会写文章的人更少了。而自媒体时代，写作者的数量如此庞大。如何在成千上万的文章中脱颖而出，吸引读者的阅读，在很大程度上靠的是标题。

另一方面，以前文章发布在纸媒上，标题和内容是一起呈现在读者面前的。读者看一眼标题，就可以立马阅读正文的内容。而现在，文章大部分发布在自媒体平台，文章和标题是分离的。

读者只能看到标题，需要有一个"点击"的动作才能阅读正文的内容。这个"点击"的动作在一定程度上就阻碍了读者阅读正文的冲动，所以标题要足够吸引读者的好奇心，他们才愿意点进去阅读。标题有哪些作用？我们该如何取标题？是本章重点讨论的内容。

5.2　标题的四大作用

总体而言，标题有以下四个方面的作用：吸引注意、筛选读者、传达完整的信息、引导读者阅读正文。

‖ 吸引注意

诺贝尔经济学奖得主赫伯特·西蒙早在1971年就提出了"注意力经济"这个词，他在预测未来经济发展趋势时指出："随着信息的发展，有价值的不是信息，而是注意力。"

罗振宇先生仿照GDP提出了一个GDT的概念，叫作"国民总时间"。他认为"所有的行业，不管是电影、游戏、休闲、度假，还是什么直播或新近兴起的短视频，不要以为还有什么行业壁垒，每一个行业都是在这个时间战场中要自己的一杯羹"。

自媒体时代的写作也是参与"国民总时间"竞争的，也需要去争夺读者的注意力。自媒体时代的写作是"注意力经济"下的写作。

标题肩负着吸引读者注意力的重任。爆款标题的首要特点就是要吸引读者的注意力。标题如何吸引读者的注意力？可以从以下六个方面来分析。

- 引发好奇。好奇是人类的天性。如果标题能够成功地引发读者的好奇心，那么读者阅读正文的欲望也会被激发。

- 击中读者痛点。如果标题能够击中读者痛点，读者的内心深处就会产生一丝不安，从而激发读者阅读正文来寻找解决方案。

- 给读者提供好处或价值。标题可以透过给读者提供好处来获得读者的注意力。比如，免费赠送1000本电子书，快来领取吧！

- 提供最新消息。另一种吸引注意的标题是提供新消息，这类标题通常会出现"最新推出""新的""问世"等这些词语。
- 给读者提供快速习得的方法，如"快速""简单"等词语。
- 标题包含能够吸引读者注意的词语，如"如何""为什么""快速""简单""划算""最后机会""保证""效果"及"省钱"等。

‖ 筛选读者

每篇文章面向的读者群体是不同的，标题在一定程度上就可以起到筛选读者的作用。有些作者会直接在标题里点明这篇文章是写给谁看的。那个群体的读者看到标题就会被吸引过来。

举个例子：《如何管理90后员工？》这篇文章的目标读者是公司的管理者、HR，当然还有90后的员工，有些80后甚至70后也许也对这个话题感兴趣。通过标题就筛选出了目标读者。管理者或者HR看到这样的标题之所以感兴趣是因为公司招聘了越来越多90后员工，如何更好地管理90后员工是他们关心的话题。

90后的职场新人看到这个标题也会很感兴趣，因为他们也想了解领导是怎样来管理90后员工的，可以见招拆招。公司管理层及90后员工是这个标题的主要受众，其他受众当然也会有对这个标题感兴趣的，如80后或者其他群体。

‖ 传达完整的信息

标题的第三大作用是传达完整的信息。标题是一篇文章中心思想的概括，读者通过阅读标题就能够预测正文的内容（当然有些标题党的标题除外）。标题传达出来的信息如果能够引起读者的共鸣，或者引发读者的思考，也能够激发读者阅读全文。

另外，标题的传达率比文章的传达率高很多。因为有不少读者，只看标题，不看文章。在标题里传达出完整的信息能够将你这篇文章的核心思想传达出去。即使读者没有阅读你的整篇文章，也能明白你所要表达的重点。

取标题时，需要提炼文章的主题思想，一句话来概括文章的主旨，如这样的标题：最重要的不是管理时间，而是管理自己。

‖ 引导读者阅读正文

标题的终极目标是吸引读者阅读文章的正文。如果你的正文内容很差，标题却夸大其词，就是人们常说的标题党。标题党胜在标题上，通过标题吸引了读者点击，但是读者阅读了正文第一句话就读不下去了，那么吸引来的注意力就被浪费了。

标题要能够引导读者阅读正文，但标题也不能过于夸张，语不惊人死不休。我们需要注意的是，标题是写给读者看的。因此取标题的时候，要站在读者的角度来取标题，而不是站在自己的角度取一些自嗨的标题。

5.3 取标题的四大原则

取标题的方式很多。在学习爆款标题的套路之前，首先要了解取标题的原则。知道了原则，也就可以自由发挥创造各种套路。好的标题往往遵循以下原则。

- 价值感。为什么要花时间看这篇文章？标题里就向读者传达出文章的价值。
- 实用性。看这篇文章我能得到什么？标题里就向读者证明文章的实用性。
- 独特性。世间文章千千万万，为什么我要读你这篇文章呢?标题里就向读者呈现文章的差异点。

● 紧迫感。为什么我现在就得点进去阅读你的文章？现在不读我会很不舒服或者有损失吗？在标题中就向读者传达出阅读这篇文章的紧迫感。

遵循这四个原则，你的标题对读者来说就是比较有吸引力的。在此基础上，再考虑一些特别的技巧来修改润色，让你的标题更有吸引力。

什么是好的标题？好的标题一是要与文章的内容及风格相符，二是要吸引读者的注意力。能够满足这两个要求的标题可以称为好标题。

那么不好的标题有什么特点呢？一种标题是过于平淡，读者看完毫无点击的欲望。另一种是过于夸张，标题与正文的内容完全不相符，骗取读者的点击量。另外，一些触及底线的标题也是不合适的标题。

一开始取标题时，我们可以去学习和模仿一些爆款标题。爆款标题都遵循了某些套路，我们也可以沿用这些套路。接下来，讲讲爆款标题的套路。

5.4 写出爆款标题的方法

标题需要在一句话内传达出一些关键要素，如给哪个群体看、文章的主题是什么、为什么要看这篇文章等，此外还需要引起读者情绪上的共鸣。因此，取标题是一件技术活。

取标题要有用户思维。站在读者的角度去取标题，舍弃自嗨，选取与读者有关的标题。少用第一人称，多用第二人称，如《你没做错什么，你错在什么都没做》。标题要引发好奇心，提供价值，引发读者的情绪共鸣，提供新奇的观点等。

根据这些要点，我们总结出爆款标题的十大写作方法。

‖ 在标题中提出疑问

人都是有好奇心的，尤其是跟自己相关的事情，如果以疑问的方式提出一个好问题往往能够吸引读者的注意力。

在标题提出疑问有以下几种方式。

1. 如何式

标题中带"如何"字样，这类标题广泛使用于干货类文章。

比如我曾经写过的文章：《如何有效阅读一本书，写出精彩的书评？》《大学生，如何在毕业前攒下8万块？》《如何从初学者成长为高手？》等。

10w+的文章标题：《史上评分最高的纪录片是如何诞生的？》。

"如何"这个词一般可以放在句首或者句中。放在句首非常醒目，如《如何从初学者成长为高手？》，读者可以第一眼就看到"如何"这个词。"如何"也可以放在句中，如果放在句中，可以用一个逗号把一个长句断开，"如何"放在逗号后面，如《初入职场很迷茫，如何规划和提升自己？》

使用"如何"这个词可以把一个一般的标题变为吸引人的标题。比如，原标题为《关于有效阅读一本书》，加入"如何"后标题可以修改为《如何有效阅读一本书？》，用提问的方式把原本平淡无奇的标题变得有吸引力。

带有"如何"的标题为什么能够吸引读者的注意力？标题带"如何"字样，一方面比较吸引读者的注意力，另一方面又传达出文章的价值感和实用性。

2. 十万个为什么

标题中带有"为什么"的字样。小朋友总是缠着大人问"为什么",长大了以后我们的好奇心还在,依然对各种"为什么"很感兴趣。

我曾经写过的"为什么"类标题:《为什么说名校毕业等于零?》《为什么越忙的人,看起来越有闲?》《我为什么选择在清晨写作?》《明明来不及,为什么你还要浪费时间?》。

一些阅读量10w+文章的标题:《我们为什么要在年轻的时候努力赚钱?》《人为什么要善良,这是我听过最好的答案》《职场工作效率达人,为什么都是Excel控?》《为什么高手做PPT总是比你快?或许是这个原因!》《为什么我劝你做个难相处的人?》。

当读者看到"为什么"这三个字时,本能地想要知道答案,所以很容易被文章的标题吸引。与"为什么"类似,还有带有"原因""理由""这里有答案"等这些词的标题都可以激发读者心中浓浓的求知欲。

3. 怎样/怎么

"怎样"或者"怎么"也是标题中常用的词汇。

我写过的标题:《怎样培养一个新习惯?》《美国的丁克家庭,过着怎样的生活?》。

一些阅读量10w+文章的标题:《带2岁的孩子旅行10次,我是怎么做到的?》《那个爱加班的年轻人,后来怎么样了?》《我45岁了,那又怎样?》《第一批90后的真实生活究竟是怎样的?》。

4. 怎么办

在标题中提出疑问的还可以用"怎么办"。

当生活中遇到问题时,我们不禁会问:到底该怎么办?如果你恰好有相关的实践,解决了某些问题,你就可以总结自己的经验与读者分享。比如,我之前写过的文章标题:《每日写作,不知道写什么,怎么办?》。

5. 吗

我自己曾经写过的文章标题:《为了梦想,你拼尽全力了吗?》。

阅读量10w+的文章标题:《2017即将结束,这件重要的事你做了吗?》《花那么多钱给孩子买书,真的值吗?》《这么小的娃带去那么远的地方玩,真的值吗?》《来自二三流大学的学生,真的没有逆袭机会了吗?》。

6. 其他类似的提出疑问的标题

"凭什么?":凭什么也是提出疑问的词,而且还带有强烈的情绪。比如,我曾经写过的标题:《你都不看好自己,我凭什么看好你?》。

"哪些?":我曾经写过的标题:《人生的岔路口,哪些决定会影响你一生?》。

关于"有没有?"的标题:《Office学习的三大误区,你有没有中枪?》。

数量词提问,如"几":《9个初老现象,你中了几条?》。

直接用"?"结尾,如《99分的简历是什么样的?》《中国到底有多少人买不起iPhone X?》《有多少人,最后嫁给了高中同学》。

用提问的方式可以引发读者的好奇。提问的方式还能引发读者的热烈讨论。像标题《有多少人,最后嫁给了高中同学》,不少读者看完后还会转发到自己的高中同学群里,引发大家的讨论。

提出疑问类标题适合各个领域,无论是知识类的,还是情感类的,都可以采用这样的标题。

‖ 引发读者共鸣类

1. 抓住读者痛点

抓住读者的痛点,读者阅读文章的标题时就能引起共鸣,感同身受。读者看完之后就会忍不住转发。

比如,《亲爱的,你为什么不能出类拔萃》《最怕你碌碌无为,却安慰自己平凡可贵》《你不是不努力,你是太着急》等,这些文章的标题可以直接抓住读者的心,激发读者的阅读兴趣。这类标题还能引发读者的转发,因为读者自己阅读时感同身受,读完就忍不住转发。

2. 讲故事,描述一段经历

喜欢听故事是人的天性。有些标题就带着浓浓的故事味。另外,分享一段经历,也能够引发读者的好奇。比如这样的标题:《PPT做得好是怎样的一种体验?》《裸辞是一种怎样的体验?》。

3. 文章金句

一般一篇文章都会有一两个金句。这些金句一般是文章主旨的高度概括,也能够引发读者的共鸣。比如我之前写的阅读量10w+的文章:《时间的格局,决定了你人生的高度》,发布在十点读书,文章阅读量10w+,点赞数也有几万。

类似的阅读量10w+的文章标题也都是用文章的金句作为标题的。比如,《脾气不好,其实是修养不够》《千万别小看那个不爱说话的人》《那些自律到极致的人,都拥有了开挂的人生》《早上六点起床的女人,年轻十岁》《我并非多幸运,我只是很努力》。

4. 拔高读者

谁都希望自己是优秀的,哪怕是在自己一个人读文章的时候,因此适当拔高读者,让读者觉得自己很厉害,产生认同感,然后吸引他们来阅读文章或者书籍。比如,《是优秀的营销人,你必然不会错过的文章!》《优秀的人,都敢对自己下狠手》《优秀的人,从来不会输给情绪》。

‖ 设置悬念，引发好奇类

1. 设置悬念

以设置悬念的方式引发读者的好奇心。在标题中留下悬念，读者如果想要知道答案，就需要点开内容阅读。

在标题留有悬念会激发读者的好奇心，特别想知道答案到底是什么，或者接下来的剧情怎么样了？电视剧常常用留下悬念的方式吸引读者阅读下一集。在每集结束的时候都会留下几个悬念，激发观众的好奇心。因为人们有刨根问底的心理需求。如果不知道答案，人们会觉得很难受。比如，《一张图告诉你营销会议失败的各种可能》《你必须要掌握的营销技巧，和你想象的完全不一样》。

2. 用省略号引发读者好奇心

如果一个人说话只说一半，而听众的好奇心已经被激起，特别想听他讲下去，作为听众，你是不是非逼着他讲完不可。文章的标题也可以这么做。在激动人心的词语后面留下一串省略号，引发读者遐想，让读者必须点击了才知道后文。比如，《中国最值得尊敬的企业竟然是……》《他们竟然真的建造了一座任意门……》《口碑营销，是这样子具体操作的……》。

3. 反常理式

反常理式的标题常常能够引发读者的好奇心，心中忍不住想，为什么作者会这么想？这类标题通常与人们的固有思维相反，因此这类标题常常也会比较吸引人的眼球。比如，王路的《"拖延症"是很好的习惯》。在人人都在努力克服拖延症的时代，王路却反其道而行之，认为拖延症是个很好的习惯，读者当然会好奇，为什么拖延症反而是个很好的习惯呢？

‖ 标题引发强烈的情绪

1. 带来负面情绪的标题

带来负面情绪的标题能够引起读者的内心恐慌。比如，看到《不会写作的你，正在失去职场竞争力》这样的标题，读者心里会想我也不会写作，我会失去职场竞争力吗？我该怎么办？读者就会忍不住点进去阅读文章。类似标题还有《来自二三流大学的学生，真的没有逆袭机会了吗？》等。

2. 表达夸张的语气，如用"！"结尾

一般表达惊讶、赞扬、愤怒、伤感等比较强烈的感情使用叹号可以吸引关注，让用户脑补出相应的情绪。比如，《看看民国时期的小孩读的历史书，多精彩！》《圣诞节收到这个，开心到冒泡！》。

‖ 标题中带有数字

数字识别度高。标题一般是汉字，而带有数字的标题读者一眼就可以注意到数字。一些对比的数字，如月薪3千与月薪3万，这两个数字一下子就可以在读者心中形成对比，吸引读者的好奇心和注意力。

数字给人的感觉是信息含量高，可靠性好，因为有数据支撑，能够激发读者点击文章、找到有价值内容的欲望。带有数字的标题一目了然，从标题中就可以预测文章的内容。

我自己曾经写过带数字的标题：《每天10分钟，轻松提高深度思考的能力》。一些阅读量10w+的文章标题：《月薪3千与月薪3万的文案，差别究竟在哪里？》《1个宿舍，6个女生，42个微信群》《都30多岁的人了，这7个道理你还不懂吗？》《如何变得有趣？每天10分钟就够了。》《拜访拥有5亿粉丝的21位自媒体大佬后，我得出22条结论。》等。

标题带数字的技巧适用于各个领域。比如,《记住3个关键词,PPT图表美化原来这么简单!》《99%的人都不知道Word还能这样用》《10个天天要用的高效Excel妙招》《美到骨子里的女人,都拥有这5种能力》《9句话,带你去看人生的真相》《两个人合不合适,这4点很重要》《别让这一点毁了你的人生》《一个人值不值得你深交,就看这4件小事》《聪明的人只过1%的生活》《优秀的女人必须坚持的11个生活习惯》。

‖ 带热点词汇的标题

热点词汇本身就是自带流量的。追热点本身就能提高文章的阅读量。在文章标题中使用一些热点词汇,一方面可以迅速让读者知道这篇文章是跟热点有关的,另一方面又有自己的独特观点,就会吸引读者的好奇心。比如,《〈战狼〉吴京的前半生,为什么越努力越憋屈?》《看"汪涵救场",学如何应对突发危机!》等。

带热点词汇的标题难点在于如何将热点和自己想要表达的主题有机地结合起来,并且能吸引大家的注意力,而不是硬蹭热点。

‖ 盘点推荐类

1. 推荐类

我自己写的标题:《如果你想提高写作能力,我推荐这6本书》。阅读量10w+的文章标题:《强推5部超治愈的高分电影,心情不好的时候全靠它们》《美国亚马逊选出的"一生必读的100本童书"》《2017年度最受读者欢迎的10大好书来啦》。

2. 盘点/清单法

盘点/清单法可以帮助读者收集干货信息,节省读者时间,因此也会引发读者收藏和转发。比如,《关于如何"管理"你的上级的清单》《盘点十一假期"最"表情,你属于哪一种?》《最新免签落地签国家汇总》。

‖ 名人效应

十点读书的文章《周鸿祎：寒门难出贵子？错不在寒门》用大众非常熟悉的名人周鸿祎来阐述文章的观点"寒门难出贵子？错不在寒门"。再比如，《徐静蕾：活得通透的大女人做派》《张小龙谈产品设计的十大要素》等都是利用名人效应提升阅读量的标题。

首先，利用名人的光环效应，引发读者阅读的兴趣。其次，名人本身就自带流量，与名人有关的文章，其粉丝或者关注者就会对文章产生兴趣。

在《影响力》这本书中作者提到，影响力的其中一条法则就是"权威"。在标题中用名人的名字就可以提高文章的影响力，因为名人本身就有自己的影响力。

‖ 给读者提供好处或价值

《影响力》一书中的第一条原则就是"互惠"。如果能够给读者提供一些好处或者价值，读者就更加愿意阅读你的文章或者转发你的文章。

人们对"免费"的东西都很感兴趣。"免费"的东西有非常大的吸引力。商场里买一赠一的活动常常会导致顾客购买不需要的东西。有赠品的商品，销量会大幅提升。

在文章的标题中表明提供给读者某些好处，或者在标题出现"免费"字样都能够提高文章的阅读量。比如，做微课，如果在标题后面加上"免费"字样，报名的人数就会增加。在标题有"赠书"等字眼也能够提高阅读量。但这些都是要承诺实现的。如果是欺骗读者的感情，那么读者对这个公众号就不会有好感了。

‖ 采用修辞手法

1. 有画面感的标题

在标题中使用读者看到就立刻能在脑海中感知到画面的词汇，这样的词汇很容易让读者留下深刻印象。因为形象的东西比抽象的东西更容易记忆。比如，《原来婚姻，就是我们背对背玩手机》《一篇文章让你的产品销量得到"爆炸性"提升》。

2. 对话体

采用对话体，站在读者的角度，说出他们的心里话，让读者一看到标题就有阅读和转发的冲动。比如，《我曾爱过你，想想都心酸》《我爱的人终于离婚了，"然后呢"》《"女孩子不要太辛苦？""你养我啊？"》。

3. 对比法

直观的对比更容易体现出优势。通过对比，放大描述对象某一方面的特点，看上去似乎有点夸张却也不觉得浮夸，让用户产生进一步了解的欲望。比如，《它甜过世界上99%的水果，慕斯般口感好迷人》《吃过这枚凤梨酥，其他的都是将就》。

5.5 取标题的七大误区

知道了爆款标题的套路，接下来就是练习如何写出爆款标题？

● 先模仿再创新。一开始，你不知道什么样的标题会受读者欢迎，可以先去模仿阅读量10w+的文章标题。先模仿，再改写，再创新，直至总结出自己取标题的套路。

● 每篇文章取10个标题。写完文章，可以给自己的文章想10个标题，从中选择最有吸引力的标题。

● 收集爆款标题，总结标题的套路。平常可以收集一些阅读量10w+的标题，总结出标题的套路，下次自己取标题的时候可以仿写。

介绍了取标题的十大方法，接下来介绍取标题时要避免的七大误区。

1. 过于标题党

取标题时需要注意的是，虽然标题党一定程度上可以吸引读者的注意力，但文章的标题太过于标题党，严重文不符题，是会引起读者反感的。另外，也不要取太过于露骨色情污的标题，也不要取过分夸大、不符合事实的标题。

2. 标题与内容不相符

真正好的标题，一方面可以吸引读者的注意力，另一方面，与文章的内容也是非常贴切的。做好这两个方面才是好标题。如果标题与文章的内容不相符，会让读者产生被欺骗的感觉，是在透支读者的信任。

3. 在不同自媒体平台使用相同的标题

不同的平台，受众群体不同，分发机制不同，因此同样的文章发布在不同的平台上可以取不同的标题。微信公众号基于微信这个社交平台分发，带有社交话题属性的标题和内容更容易引起读者阅读和转发。今日头条是一个资讯平台，采用机器算法分发机制，意义具体的词汇更容易被机器识别，然后推送给喜欢阅读类似"标签"的用户。

4. 标题风格与个人品牌不相符

标题的风格要符合个人的气质和品牌。比如，你的公众号定位是干货类、知识类的文章，那么标题就不要过于八卦露骨，这样不符合公众号的定位，也不符合个人的气质。这样的标题是给自己的个人品牌减分的，甚至会给个人品牌增加负面影响。

5. 传播谣言或虚假消息

有些标题会传播谣言或者虚假消息。比如这样的标题：《惊爆！本周最新特大奶粉事件！》，或者各种以"震惊！""惊爆！""太神奇了！""出大事了！！！"等字眼开头的标题，并且在后面加上好几个感叹号的，其实传播的是一些谣言和虚假消息。

6. 标题过于平淡

对大部分初学者而言，取标题的误区就是标题过于平淡。来看看这些标题，第一眼看到标题能引起你阅读的兴趣吗？比如，《战胜忙碌》《随机》《美好的一天》《老师说》《森林的魔咒》等，这些标题都过于平淡，很难引起读者的好奇心。取标题时，要适当运用取标题的技巧，让自己的标题更有吸引力。

7. 标题包含读者看不懂的词语

有些写作者在标题里喜欢用一些生僻词，看起来好像特立独行，但对于读者来说，如果他看不懂你的标题，也许就不想继续阅读了。如果你的文章会介绍一些新颖的概念，出现一些生僻的词语，但尽量不要把这些生僻的词直接放在标题上。因为有读者不认识的词，其实是会增加沟通成本的。标题尽量选择通俗易懂的词语，且是一眼就能看懂的句子，从而降低与读者的沟通成本。

第 **6** 章

如何写出精彩
的开头和结尾

开头和结尾因其位置的特殊性在一篇文章中占有重要的地位。开头是否精彩一定程度上决定读者是否会继续阅读这篇文章。如果开头写得很糟糕，读者在阅读第一句时就会觉得索然无味，很容易放弃阅读。结尾是否精彩，一定程度上决定了文章是否能够给读者留下深刻的印象。这也是为什么写文章要讲究"凤头""豹尾"。精彩的开头和结尾可以提升整篇文章的质量。本章主要讲述如何写出精彩的开头和结尾。

6.1 开头的四大作用

心理学中有一个理论叫作"首因效应",是指个体在社会认知过程中通过"第一印象"最先输入的信息对个体以后的认知产生的影响。

在人际交往中,我们常常强调"第一印象"很重要,也是基于首因效应。虽然"先入为主"有一定偏见,也并非每次都是正确的,但人们却很难克服"第一印象"带来的影响,"第一印象"也会影响双方后续的交往进程。

阅读一篇文章也是有"首因效应"的,也会有"先入为主"的偏见。如果读者在阅读开头时就被深深吸引,对这篇文章的第一印象就会比较好。如果读者阅读开头时感觉很糟糕,可能对这篇文章的整体评价也不会太高。这也是我们要尽量写出精彩开头的原因。

除了给读者留下比较好的第一印象,开头还承担着以下四个作用。

第一,点明文章的主题。开头常见的一种写法是开门见山,直接在开头交代文章的主题和中心思想。读者阅读开头就能了解这篇文章的主题。

第二,引出下文。即使文章在开头没有点明主题,也需要在开头埋下伏笔,或者用几句话引出下文的内容。

第三,设置悬念,引发读者的好奇心。在开头设置悬念,引发读者的好奇心,让开头像一把钩子一样吸引着读者一步步往下阅读。

第四,引发读者情绪上的共鸣。在开头描绘一幅场景,让读者有带入感,引发读者情绪上的共鸣,激起他继续阅读文章的欲望。

想不出精彩的开头,写不下去怎么办?

　　有些人，知道精彩的开头很重要，下笔时觉得压力很大。第一句话写了删，删了写，总是想不出一个精彩的开头。写写删删，一个小时过去了，开头还没有写好。还有些人因为想不出精彩的开头，干脆放弃了那个写作主题。

　　遇到这样的情况怎么办？方法很简单，先直接开始写，不要管开头是否精彩。文章的标题往往是文章写完了再通读全文取的。写开头也是类似，先不要写开头，直接写正文的内容，或者写一个普通的开头。写完初稿之后再写或者修改开头。

　　中学时的写作顺序一般是先写好标题，再写开头，然后写正文，一路写到底。语文考试时，写作时间短，几乎没有时间修改，因此写文章要一气呵成。现在写文章不是为了考试，写作顺序也与考试时不同，也可以随时修改。你可以先写好正文的内容，再来斟酌文章的开头、结尾和标题。对一篇文章来说，这三部分是比较重要的，也需要花时间来琢磨，同时需要反复修改。好的标题、开头和结尾不是神来之笔，是作者经过反复斟酌、修改、打磨出来的。

　　当你想不出精彩开头时，先直接开始写，写完之后再来修改开头，使其成为所谓的"凤头"。

6.2　精彩开头的八大写作手法

　　一般而言，开头的写法分为以下几种：开门见山、设置悬念、描绘场景、引用名言等。下面具体介绍一些常见的开头写作方式。

‖ 开门见山

开门见山的写作手法是在开头就点明这篇文章的主题或切中中心内容，简练而明确。开门见山写法的优势是读者易于了解全文的宗旨，通过阅读开头就明白文章的中心思想。

开门见山的写作手法一般是在开头用几句话说明文章的写作主题，或者直接呼应文章的标题。

以我写的《如果你想提高写作能力，我推荐这6本书》一文为例，采用的就是开门见山、直奔主题的方式。这篇文章在简书有30多万的阅读量。

现在越来越多的人加入简书，开始写文章，也有越来越多的人开通了自己的微信公众号。当写作热情褪去，很多人会开始思考如何提高自己的写作能力？提高写作能力虽然是一个长期积累的过程，但如果有一些大师的指点，想必能少走一些弯路。在我自己的写作过程中有幸阅读了以下6本书，对我自己的写作有非常大的帮助。现在推荐给大家，你可以根据自己的情况自行选择阅读。

在开头，点明了文章的主题是围绕"提高写作能力"展开的，同时也说明，这篇文章会推荐6本与写作相关的书。开头的这段文字也与文章标题《如果你想提高写作能力，我推荐这6本书》呼应。读者看完这段文字就能知道，这篇文章会介绍6本与写作相关的书。这就是开门见山的写作方法。

‖ 设置悬念

为了让读者读完整篇文章，可以在开头设置悬念，在正文或者结尾公布悬念。这样可以引发读者的好奇心，引导读者读完整篇文章。

举两个例子。文章《贫穷，有着你想象不到的绝望》的开头是这样写的：

"如果不是那场癌症，小丽还不知道爸爸的爱如此深沉。"

这个开头留了悬念，小丽和爸爸之间到底发生了什么故事？到底谁得了癌症，是小丽还是爸爸？看到这一句简短的开头，读者的好奇心就已经被唤起，忍不住想要了解故事的原委。

文章《远离那些总爱"麻烦"你的人》开头是这样写的：

"最近朋友阿花被一件事搞得异常火大。"

虽然只是一句话，但也留下了悬念：到底发生了什么事？具体是哪件事？为什么阿花会异常火大？短短的一句话就已经吊起了读者的胃口，想要阅读正文了解故事。

‖ 以讲故事开头

人类天生就喜欢听故事。如果你是讲故事高手，不妨用故事开场。故事写得好，自然就能吸引读者阅读下去。

我的《你的时间格局，决定了你的人生》一文讲述了三个故事，开头就是以故事开场讲述第一个故事。

以下是《你的时间格局，决定了你的人生》的开头。

潇潇和我是和君商学院的同窗好友。她是某国资集团投资部资深投资经理，是清一色男性投资经理中唯一的女性。某日午后，在商场的星巴克咖啡店里，身怀六甲的潇潇娓娓道来她误打误撞进入投资领域的经历。

这个开头交代了我和故事主人公潇潇的关系，并且引出了潇潇的故事，接下来的故事讲述的是潇潇是如何误打误撞进入投资领域，以及如何在投资领域打拼，在清一色男性投资经理中占一席之地的。

‖ 以提问开头

用提问的方式开场，也是一种非常好的写作方式。在开头提出一个问题，引发读者的好奇心以及思考，然后在文章中回答这个问题。

文章《妈妈的身材暴露了婚姻的真相》，开头如下。

知乎上有一个提问："什么时候你觉得必须离婚，毫不犹豫？"其中，一个点赞很高的网友是这么回答的。

这就是用提问开头的例子，接下来作者会讲述在知乎上点赞很高的网友是如何回答这个问题的，并且引出文章的主题。

我的文章《没有建立这种思维，学再多都是白费》也是用提问方式开头的。

最近一直在思考一个问题，为什么很多人看了那么多书，听了那么多课，进步却很小呢？

通过提问引发读者思考，进而激励他们阅读正文寻找答案。通过提问也是引出了文章的主题，没有建立这种思维，你学到很多知识却没有效果。

‖ 描绘场景

描绘场景可以让读者有带入感，引发读者的共鸣。描写场景还能让读者有身临其境的感觉，仿佛自己就在故事发生的现场。

文章《何香凝：女人有骨气，才会活得更高级》就是以描述一个场景开头的，描述的是孙中山先生病危的场景，通过场景描述引出文章的主人公何香凝。

1925年3月11日凌晨一点，在北京协和医院病房内，病重中的孙中山先生自知已时日不多了。

人生最后的尽头，先生郑重地请来了一位挚友，将爱妻宋庆龄托付于她，并再三嘱托到"吾死后望善视之"。

这份嘱托，既是公事，也是私情，只有最信任的人才能够委以重任。

这位被孙先生和孙夫人如此信任的人，就是一代女杰何香凝。

这个场景描述，让我们了解到孙中山先生在生命的最后时刻，将爱妻宋庆龄托付给文章的主人公何香凝，也从侧面反映出何香凝的与众不同，以及她的影响力。通过场景描述，就让读者对何香凝产生肃然起敬的感情。

‖ 采用对比法开头

通过对比，突出文章要讲述的重点。通过对比，引出文章的主题。对比法其实是使用了心理学中的"对比效应"，人是很难脱离情境做出判断的，比如，"冷""热"的效应是通过对比感受到的。采用对比的写法，突出我们所要讲述的重点，让读者有感性认识。

我写的《大学生，如何在毕业前攒下8万块？》一文的开头就用了对比法，用对比法突出在毕业前存下8万块的不容易。

大多数学生都是毕业即破产，但有些人，在毕业时已经存下了不少资产。

我写的《如何有效阅读一本书，写出精彩的书评？》一文的开头也用了对比。

你是否中了下面两个症状？

买书如山倒，读书如抽丝！

翻开书就看，合上书就忘。

用"买书如山倒，读书如抽丝"的对比，突出阅读的艰难，用"翻开书就看，合上书就忘"的对比，突出阅读效果的低下。通过对比法，击中读者的痛点，引发他们的共鸣，为下文的"有效阅读一本书"的主题埋下伏笔。

‖ 以富有哲理的句子开头

富有哲理的句子能深深抓住读者的注意力。富有哲理的句子也能够穿越时空，被人们广为传诵。

写富有哲理的句子，可以模仿名著的开头。一本书的开头也是非常重要的，很多名著的开头都非常精彩。那些经典的句子至今还时常被人们引用。

《安娜·卡列尼娜》的开头。

"幸福的家庭都是相似的，不幸的家庭各有各的不幸。"

《双城记》的开头。

"那是最美好的时代，那是最糟糕的时代；那是智慧的年头，那是愚昧的年头；那是信仰的时期，那是怀疑的时期；那是光明的季节，那是黑暗的季节；那是希望的春天，那是失望的冬天。"

在写作时，可以用富有哲理的句子开头，像《安娜·卡列尼娜》和《双城记》的开头那样，给人留下深刻的印象，还可以成为经典的句子。

‖ 引用名言

以引用名人名言作为开头，或者采用题记的写法，在题记中引用名人名言。

引用名人名言可以增加说服力，也是一种常见的开头写作手法。采用名人名言可以提升说服力是有依据的，就是心理学中的"光环效应"，名人的光环会让你觉得他说的话更有说服力。

我写的《每天10分钟，轻松提高深度思考的能力》一文的开头就引用了罗素和王兴的名言。

> 大哲学家罗素有这样一句名言："很多人宁愿死也不愿思考。"美团网CEO王兴曾说过这样一句话："多数人为了逃避真正的思考愿意做任何事。"王兴与罗素的话有异曲同工之妙。

通过罗素和王兴的名言来证明思考的重要性，也为文章的主题"如何提高深度思考能力"埋下伏笔。

6.3 精彩结尾五大写作手法

开头的作用主要是吸引读者的注意力，阐述文章的主题，吸引读者阅读全文。结尾的作用是收篇点题，升华主题，总结全文，寄托希望，蕴含哲理。

精彩的结尾往往能够给读者留下深刻的印象。这是源于心理学中的"近因效应"。"近因效应"是指，在有些情况下，最后出现的信息会比最先出现的信息的影响力更大。比如，你听了五个人的演讲，对最后一位演讲者的内容印象最深刻，这就是近因效应。你看了一篇文章，对文章结尾的部分印象特别深刻，这也是一种近因效应。

‖升华主题，收篇点题

在结尾升华主题，收篇点题。文章《孩子，读书不苦，不读书的人生才苦》的结尾是这样写的。

读书不苦，不读书的人生才苦。

毕竟，一个连读书的苦都吃不下的人，又如何咽下生活的委屈？

学生时代是增长能力和见识的时代，如果在学生时代追求自由，那要什么时候开始拼搏？童年是快乐了，那青年、中年和老年呢？这份无忧无虑又能持续多久呢？

若干年后你回看自己的学生时代，是后悔自己不够努力，还是感谢自己足够努力？

人一出生，就被划分成寒门和豪门，这没有什么可怕的，真正可怕的，是你误以为寒门和豪门之间只差一个素质教育，不要欺骗自己。

在结尾点题"读书不苦，不读书的人生才苦"，并升华主题"学生时代不拼搏，什么时候开始拼搏"。

‖以富有哲理的句子结尾

这个写法类似于"富有哲理的句子开头"，在结尾用引人深思并富有哲理的句子结尾，升华主题，引发读者的思考。

以我写的《时间的格局》一书里的一篇文章《可怕的不是阶层固化，而是因此放弃了努力》为例，结尾是这样写的。

每个人都有选择的自由，你内心渴望什么，就会为此执着，父母或家世，任何身外之物终究无法阻挡你的行动。我们最终得到的，是自己选择的结果。

可怕的不是阶层固化，而是你内心的绝望和无力感；可怕的是你以阶层固化为理由，放弃了自身的努力和奋斗。

在结尾点明了文章的主题"可怕的不是阶层固化，而是因此放弃了努力"，并且用两段比较富有哲理的句子来阐述，既点明了主题，又能给读者留下深刻的印象，引发他们思考。我看到有些读者写《时间的格局》一书的读后感，就引用了这段话。

我的文章《即使人生可以重来，你还是老样子》的结尾是这样写的。

人生，终究是一条没有回程的单行线，只能一路向前。过去的时光，纵然追悔莫及，已无济于事。但我们可以通过回忆过去的经历，总结过去的错误，创造更好的未来。

我在文章《一个公式，拯救重度拖延症，华丽转身成行动达人》的结尾是这样写的。

你与梦想之间，只差一个公式的距离，这个公式就是POA行动力。当你开始行动，你会感受到行动的力量，爱上行动。

唯有梦想，才配让你焦虑；唯有行动，才能解除你的焦虑。

这三个例子都是以富有哲理的句子结尾的，用通俗一点的词来讲就是"金句"结尾。金句是指那些富有哲理，忍不住背诵下来的句子。用这样的句子结尾能够给读者留下深刻的印象，他们甚至会朗读或引用这些句子。

‖ 引用名人名言结尾

在结尾时，可以引用名人名言点题结尾。这也是类似引用名人名言开头的写法。

比如，《别让你的情绪拉低你的生活层次》一文在结尾处引用了罗伯·怀特的句子。

罗伯·怀特也曾说："任何时候，一个人都不应该做自己情绪的奴隶，不应该使一切行动都受制于自己的情绪，而应该反过来控制情绪。无论境况多么糟糕，你应该去努力支配你的环境，把自己从黑暗中拯救出来。"

生活的高手从来不会被情绪拉低自己的生活层次。

通过罗伯·怀特的阐述来说明控制情绪的重要性，以及点明主题"别让你的情绪拉低你的生活层次"。

‖寄托希望

写文章的目的之一是引发读者思想或者行为上的改变。在结尾可以升华主题，寄托对读者的希望，号召读者行动起来。

文章《贫穷，有着你想象不到的绝望》就是以寄托希望的方式结尾的。

我想要一个有温度的社会。

虽然做起来很难，但是不能因为难就不做了。

我写的《身为女性，你是否习惯性低估自己》一文的结尾鼓励女性要积极主动一些，主动争取表现的机会，勇敢抓住机会。

作为女性，我们应该更加积极主动一些，主动争取表现的机会，勇敢抓住机会，而不是在机会面前退缩。提升自己的期望值，我们配得上更好的生活。

‖呼应开头

在结尾呼应开头也是结尾的一种写法。呼应开头的写法，可以让文章显得内容衔接紧凑，结构严谨。

《关于80后的7个真相，扎心了》一文的开头讲到长者认为80后还是小孩。结尾呼应开头，其实80后已经长大了，真的像个大人了。

文章开头是这样写的。

那天听一位长者提到80后，言谈间颇有些轻蔑：那些80后小孩……

而80后最小的已经28岁，最大的37了，哪里还是小孩。

文章的结尾是这样写的。

其实每代人都有每代人的幸运和不幸，每代人也都有每代人的特质和使命。

从来就没有什么垮掉的一代。

每一代在长辈眼里不成器的晚辈，长大后都承担起了自己的使命。

就像多年前饱受诟病的80后，如今已经思虑周全，杀伐果断，铁肩担道义，敢为天下先。

今天的他们，真的像个大人了。

以上就是结尾的五大写法。结尾的目的是总结全文，升华主题，引发读者的思考。当然结尾的方式并不局限于本书介绍的这5种方式，还有更多精彩结尾的写法，你可以在阅读文章时进行总结和模仿。

第 **7** 章

如何搭建文章
的框架

一篇文章的结构由标题、开头和结尾、段落和层次、过渡和照应组成。前面章节已经讲过了标题、开头和结尾。本章重点阐述段落和层次、过渡和照应。

　　标题重技巧，内文重结构。文章的内容脉络要清晰，让人一目了然。组织写作训练营，阅读学员文章的过程中，我发现50%以上的文章逻辑混乱，有些文章读完之后令人丈二和尚摸不着头脑，看不懂作者到底要说什么。

　　一个人的文笔是需要日积月累的，无法在短时间内提升。但文章的标题和结构是可以在短时间内通过刻意练习提升的。

　　结构的基本单位是层次和段落。层次是指内容上相对完整的意义单位，也叫作意义段。段落是以换行为标志的章法单位，也叫自然段。

　　层次的组合方式分为纵向组合和横向组合。纵向组合，如时间顺序、逻辑顺序等。横向组合，如空间顺序，并列关系等。结构的基本要求是形式匀称，衔接紧密，节奏鲜明。

　　本章主要讲层次中的逻辑顺序及段落的衔接。

7.1 常见的写作框架

一篇文章由中心思想、材料、结构三部分组成。

中心思想也就是文章的主题，是文章的"灵魂"，要明确，一篇文章围绕一个主题。材料是文章的"血肉"，材料要足够丰富，才能论证中心思想。结构是文章的"骨架"，合理组织材料，让文章的中心思想一目了然。

文章的结构可以从两个角度来阐述。第一，外部结构，也就是文章的整体框架。第二，内部结构，也就是段落之间的衔接。一篇逻辑清晰的文章，不仅文章的整体框架清晰，段落与段落之间的衔接也非常自然。

文章的逻辑框架，就像是文章的骨骼，头要放在头的位置，手臂要放在手臂的位置。如果头和手臂的位置互换了，那么整个人看起来就会很奇怪。文章的逻辑框架也是如此，如果放错了段落的顺序，读起来也会很奇怪，并且会让读者有丈二和尚摸不着头脑的感觉。

一篇逻辑清晰的文章，读者读一遍就能明白作者阐述的观点，而逻辑不清晰的文章，读完之后则一头雾水，不知道作者到底要说什么，阐述什么观点，要告诉读者什么。因此，在写作时，要注意文章的逻辑框架，让自己的文章结构清晰，逻辑清晰。

写作一篇文章，具体选择什么样的逻辑框架，是由写作主题，以及素材之间的关系决定的。

一般材料之间的关系分为总分关系、并列关系、递进关系、对比关系。根据素材之间的关系来选择写作的顺序。如果素材之间是并列关系，那么就采用并列的写作框架。如果是递进关系，那么就要理清楚素材之间的逻辑关系，哪个素材先写，哪个素材后写，要弄清楚。不要颠倒了顺序。如果是对比关系，是先阐述正面的观点，还是先阐述负面的观点？想清楚这些问题，也就不难梳理写作顺序了。

下面就来详细介绍每种逻辑顺序。

‖ 总分总

总分总是最常见的写作框架，也是我们最熟悉的写作结构，小学语文课上老师就教了总分总写作方式。你写文章的时候，运用过总分总的写作方式吗？

总分总是一种三段式结构，是符合人类记忆的一种结构。开头阐述主题，表明总论点。中间部分阐述论点或者讲述故事来支撑自己的观点。结尾再呼应开头，升华主题。中间几个分论点之间可以是并列关系、递进关系和正反对比关系，但不能是包含关系或者交叉关系。总分总的结构也可以分为总分、分总。

总分总的文章在讲述分论点时，并列关系可以采用黄金三点法，也就是用第一、第二、第三形式阐述文章的观点。观点阐述结束，文章的主体部分也就结束了。另外，黄金三点法还可以写成黄金五点法、七点法等。像《高效能人士的7个习惯》一书的结构就是采用黄金七点法的方式。第一章和最后一章就相当于开头和结尾。主体部分就是阐述7个原则，每个原则之间是递进的。黄金三点法结构尤其适用于干货类文章。

另外，分论点也可以是层层深入的递进关系，以及正反对比的关系。

我之前写的文章《大学生，如何在毕业前攒下8万块？》就是总分总文章的例子。

大多数学生都是毕业即破产，但有些人，在毕业时已经存下了不少资产。

今天故事的主人公是我的朋友莫琳，她在19岁就实现了经济独立，在研究生毕业时已经攒下了8万块。对比我自己的经历，真的是汗颜。我自己研究生毕业时是负资产，第一个月连房租都交不起。

当我得知莫琳在毕业之前就攒下8万块时，我惊讶得下巴都要掉下来了。那莫琳是如何攒下这8万块的呢？

第一，家教，人生的第一桶金。

莫琳的第一桶金当然也是家教。她有着8年的家教经历，无论是本国还是外国的孩子，高考生还是考研者，她都能一一从容应对。即使研究生毕业第一年上班，她依然是白天上班，晚上做家教。

第一份家教的雇主是一个小型教育机构，离学校大概一小时车程，每天下午四点半坐上唯一一班通往教育机构的公交车，五点半到站，六点到八点上课，然后又要赶八点半的末班车，九点半下车步行回寝室，到寝室时十点左右。

每天两小时的授课所得仅为人民币五十元，怀揣着强烈的责任感，她中途从未产生过放弃的念头。她的第一份家教为她后来整整8年的家教经历打下了坚实的基础。

凭着家教的收入，莫琳在大二时就可以养活自己。她说，在这么年轻的时候可以养活自己，给了自己很大的自信，只要努力，就可以把控自己的人生。

第二，学校的勤工俭学。

除了家教，莫琳同时也申请了勤工俭学。在学校勤工俭学的经历是她的职场第一课。

很多人觉得勤工俭学就是打杂，混混时间罢了，而莫琳却做得非常认真和出色。莫琳觉得工作没有高低贵贱之分，关键是你的态度。

勤工俭学的工作之一是整理档案。整理档案的事情很琐碎，很多人常常会出错。但莫琳从来不出错，而且做得既快又好。因此，莫琳也负责给新人或老师培训如何整理档案。

因为莫琳出色的工作，老师非常信任她。一段时间之后，老师就把办公室的钥匙给莫琳，她可以自由选择工作时间。

这个经历让莫琳意识到，当你获得别人的信任时，你就能提高自己的自由度。获得了老师的信任，她可以选择自己有空的时候去整理档案，而不是在固定时间。

勤工俭学的经历也让小小年纪的她认识到：人生的道路有很多种，如果你把事情做好，选择哪种道路都不会差。

第三，奖学金，人生储备金的重要来源。

莫琳存下的8万块中，一半是奖学金的收入，有国家奖学金、课题费，还有参加比赛获奖的奖金。

也许你会好奇，她把大部分时间都花在家教、勤工俭学上，哪里来的时间去学习，没有时间学习怎么可能拿到奖学金？

每天做完家教回到寝室后，她会利用睡前的时间学习专业知识，还会每天看财经节目或者美剧。白天上课也不会瞌睡，因为她要好好听课，拿奖学金。

而每次进入期末备考阶段，她每天的睡眠时间平均只有4小时，凌晨2点到6点。

所以，莫琳以名列前茅的成绩多次拿下各种奖学金。她觉得，在学生时代，只要稍微多努力一点，就能拼到自己设定的目标。

第四，500强企业实习。

莫琳在毕业之前，不仅攒了8万块，还积累了非常丰富的实习经验。

她从本科毕业之后就开始实习，在研究生期间在3家不同的世界500强公司实习。从前面莫琳勤工俭学的例子也可以看出，莫琳做每一件事都会做到极致。她说，我做的事情就是能比别人做得好，老板自然能看到我的价值。

在实习期间，她除了做好自己的本职工作，还会非常认真地观察同事和老板的做事风格。第一任老板是一位优雅的女性，她有着自己的办公室，办公室的外墙是玻璃的。莫琳每天在观察她，她发现老板的办公桌非常整洁，而且工作的每时每刻都是挺直腰背非常优雅地办公。

莫琳从老板身上学到了这些优点，她的办公桌也非常整洁，而且工作时也是挺直腰背，直到现在还保持着这样的习惯。当别人问起，她自信地回答："因为我上一任老板就是这样的。"

在实习期间，她养成了良好的工作习惯，受到每位老板的认可和赞赏。

当她毕业进入职场时，已经能够在职场独当一面了。而与她一起毕业的同学，却需要从头开始学起，她自然就能脱颖而出。

如今的莫琳，工作两年，在一家世界500强外企担任总经理助理，而销售部的老大又希望她去销售部工作。莫琳的职场发展得风生水起，尽管她是才入职两年的新人。当我与莫琳谈话时，她给了我很多职场上的建议，虽然我们是同龄人。

莫琳在19岁实现经济独立，毕业之前攒下8万块，钱虽然不多，但她所有的经历让她更加自信，更有底气地去追寻自己的梦想。

像她这样活得如此认真的女孩，运气一定不会太差。

‖ 并列结构

并列结构是指文章各个素材之间的关系是并列的，各部分内容之间没有主次轻重之分。先讲谁，后讲谁，是没有区别的。

并列式的文章结构是自媒体中最常见的写作方式，尤其适用于讲故事。很多10w+的文章通常是写3个故事，3个故事之间是并列的。每个故事加上自己的思考，在结尾的时候总结几个金句，升华主题，就是一篇完整的文章。

用一个公式来表达就是：3个故事+评论。评论可以穿插在故事与故事之间，或者也可以直接在文末进行升华，由故事来引出道理。我们小时候所看的《安徒生童话》《格林童话》等都是通过讲故事来阐明一个道理的，且道理一般都放在文末。

并列结构特别适合写情感类的文章，或者是通过讲故事来阐述道理的文章。

用一篇文章来举个例子，我所写的一篇阅读量10w+的文章《你的时间格局，决定了你的人生》就是采用并列框架来写的。

1

潇潇和我是和君商学院的同窗好友。她是某国资集团投资部资深投资经理，是清一色男性投资经理中唯一的女性。

某日午后，在商场的星巴克咖啡店里，身怀六甲的潇潇娓娓道来她误打误撞进入投资领域的经历。

潇潇研究生毕业后，就职于甘肃一家国企集团的海外投资部。

合作伙伴是高盛、渣打等世界知名投资银行的优秀人才。她被顶级投行从业者的风度、睿智、眼界等深深吸引。从那时起，她在心中暗下决心：将来的某一天，我也要成为这样的人。

《肖申克的救赎》里有一句经典的台词：有一种鸟是永远也关不住的，因为它的每片羽翼上都沾满了自由的光辉。

潇潇为了实现心中的梦想，报考了被誉为"全球金融第一考"的CFA考试，并且是全公司唯一报考的人。

那段时间，工作特别忙，每天都要加班，有时甚至加班到凌晨。但不管下班多晚，潇潇都会抽出时间自学CFA。在没有参加任何培训课及高强度的工作压力下，她以自学的方式拿到了CFA三级证书。

工作两年，她做了一个出乎所有人意料的决定：裸辞。

她的同事们立刻开始冷嘲热讽：就凭你，也能在上海找到工作？放弃这么高薪稳定的工作，真是傻子。

潇潇没有理会同事们的嘲讽，一个人拖着两个行李箱，坐上南下的火车，只身来到上海。

她一个人在上海人生地不熟，又恰好遇上金融风暴，金融人士纷纷失业，找工作的过程异常漫长。

潇潇一个人住在7平方米的出租屋里，在深夜里痛哭，耳畔响起前同事们对她的冷嘲热讽。

功夫不负有心人，三个月后，潇潇在上海找到了一个合适的职位。经过5年的努力，她成为部门唯一的女投资经理。

当年嘲笑她的同事一直在原来的工作单位。最近，公司重组裁员，一些同事给潇潇打电话打听上海的职位。

多年后，同事们才发现，当年的潇潇是多么有远见，她选择了一条更加艰难的道路，却也是成长最快的道路。

他们直到重组裁员，才发现外面市场变化很快，自己工作多年技能却没什么提升，在求职市场完全没有优势。

潇潇是一位有时间格局的人，即使有一份看似稳定高薪的职位，但为了实现自己的梦想，她愿意去迎接更具挑战的职位。她相信，未来的那个"她"，一定会感谢现在拼搏的自己。

2

Miki是一家花艺店的老板，住在我家附近。在现在这个时代，很多人都陷入知识焦虑，每天过得忙碌而焦虑。

Miki是个另类，别人晒努力加班来获得老板关注，她却每天晒鲜花，晒她和猫咪的合影，一副岁月静好的样子。

曾经的Miki也是忙碌的都市白领，在一家外企从事销售工作，业绩好，工资高，管理着几十个人的销售团队。

出乎所有人的意料，在工作的第八个年头，她决定辞职，放弃原本高薪又体面的工作，在家人的极力反对下，毅然走上了漫漫创业之路。

她说："所有看似光鲜亮丽的东西，其实都有你意想不到的艰辛和不堪。职场是战场，亦是围城，之前的销售工作，几乎将所有的时间都消耗在出差、应酬和交际上，马不停蹄、身心俱疲。"

而这并不是她想要的生活。

辞职后，她选择过一种慢生活，去尝试不同的事物。她去学习插花、品茶、绘画。在一次插花课上，她发现自己全身心地投入，并感受到了内心的宁静和平和。插花让她从快节奏的都市生活中得到了解脱。

她灵光一闪：何不开一家文艺范儿的花艺店？这既是自己喜欢做的事情，又可以重拾过去的爱好。

不到一个月的时间，她的花艺店就开张了，从采购到花店的布置，全由她一个人搞定。

一个人经营一家花店并不容易，甚至比之前的销售工作还要忙。每天凌晨四点起床，去花市采购鲜花，亲自挑选高品质的花朵。每日研读花艺杂志，做笔记、找灵感、出设计。

Miki不仅深深热爱现在的生活，也通过花艺一点点编织着花园小屋的梦想。

她希望人们来到她的花园小屋，可以摘掉伪善的面具，卸下沉重的压力，赏花鉴花，身心安宁，大脑得以思考或放空。

有着长远时间格局的人，终究能过上自己梦想的生活。

3

宋依霖是我朋友圈里的一位冠军运动员。认识宋依霖，是因为她参加了我组织的"21天爱上写作训练营"。她是职业高尔夫运动员，国家运动员，2015年海南公开赛冠军。

我曾问她，职业生涯中遇到的最大挫折是什么？她笑着说，挫折多得数都数不清。

她在14岁时就定下了目标，要成为职业高尔夫运动员。可是这五六年来，漫漫业余路上总是和冠军失之交臂。直到2015年，她才获得人生第一个业余公开赛的冠军，为她的业余比赛画上了圆满的句号。这期间的挫折和困难可想而知。

有不少和她一起练球的朋友，一开始打得很好，遇到一点挫折就无法忍受，开始自暴自弃，泡夜店、醉酒，最后放弃了打球，遗憾地离开了球场。她是少数几位从业余选手转为职业选手的人。

依霖说："高尔夫比赛，坚持到最后的才是赢家。"先学会输，才有机会赢。不管遇到什么困难，都要坚持下去。她的目标是参加日本巡回赛和美国巡回赛。

有时间格局的人，不会被眼前的困难阻碍，更不会因为生活中一些小小的挫折而放弃了努力，因为有更远大的目标在召唤着他们。

人生，就是一场自己与自己的较量。

有些人，愿意努力十年来实现自己的梦想；而有些人，即使21天都坚持不了。

那些有着惊人毅力的人，其实，只是他们有更大的时间格局。时间的格局不同，人生的境况也会有很大不同。

时间格局不高的人，只能看到眼前的得失和利益，遇到一点困难就想放弃。因此，年复一年，只见时间流逝，不见个人成长。

而时间格局高的人，不仅会思考今天发生的事，还会思考2年后、5年后、10年后这个社会需要什么样的人才，自己想要成为什么样的人，眼前的困难根本不值一提。

就像马云曾说："阿里巴巴不是这两年做成的，是15年以前我们的思考，坚持了15年，才走到了今天。"

10年前的思考和10年的行动，铸就了今天的你。同样，10年后的你，也是你现在每一天的思考和行动铸就的。

你拥有什么样的时间格局，就拥有什么样的人生。

‖ 递进式结构

文章的内容逐层深入，就像剥洋葱一样，一层层深入，如《不求甚解》一文，先从"不求甚解"一词的来历谈起，分析了陶渊明的读书方法，一是要"好读书"，二是主张读书要会意。再从正、反两方面举例说明，读书应当重在读懂书本的精神实质，而不是寻章摘句。最后进一步从正、反两方面论证了读书"不求甚解"的重要性。

以下为《不求甚解》的全文。

一般人常常以为，对任何问题不求甚解都是不好的。其实也不尽然。我们虽然不必提倡不求甚解的态度，但是盲目地反对不求甚解的态度同样没有充分的理由。

不求甚解这句话最早是陶渊明说的。他在《五柳先生传》这篇短文中写道："好读书，不求甚解；每有会意，便欣然忘食。"人们往往只抓住他说的前一句话，而丢了他说的后一句话，因此就对陶渊明的读书态度很不满意，这是何苦来呢？他说的前后两句话紧紧相连，交互阐明，意思非常清楚。这是古人读书的正确态度，我们应该虚心学习，完全不应该对他滥加粗暴的、不讲道理的非议。

应该承认，好读书这个习惯的养成是很重要的。如果根本不读书或者不喜欢读书，那么无论说什么求甚解或不求甚解都毫无意义。因为不读书就不了解什么知识，不喜欢读也就不能用心去了解书中的道理。一定要好读书，这才有起码的发言权。真正把书读进去了，越读越有兴趣，自然就会慢慢了解书中的道理。一下子想完全读懂所有的书，特别是完全读懂重要的经典著作，那除了狂妄自大的人以外，谁也不敢这样自信。而读书的要诀，全在于会意。对于这一点，陶渊明尤其有独到的见解。所以，他每每遇到真正会意的时候，就高兴得连饭都忘记吃了。

这样说来，陶渊明主张读书要会意，而真正的会意又很不容易，所以只好说不求甚解了。可见这不求甚解四字的含义有两层：一是表示虚心，目的在于劝诫学者不要骄傲自负，以为什么书都一读就懂，实际上不一定真正体会得了书中的真意，还是老老实实承认自己只是不求甚解为好。二是说明读书的方法，不要固执一点，咬文嚼字，而要前后贯通，了解大意。这两层意思都很重要，值得我们好好体会。

列宁就曾经多次批评普列汉诺夫，说他自以为熟读马克思的著作，而实际上对马克思的著作却做了许多曲解。我们今天对于马克思列宁主义的经典著作，也应该抱虚心的态度，切不可以为都读得懂，其实不懂的地方还多得很哩！要想把经典著作读透，懂得其中的真理，并且正确地用来指导我们的工作和生活，还必须不断努力学习。要学习得好，就不能死读，而必须活读，也就是说，不能只记住经典著作的一些字句，而必须理解经典著作的精神实质。

在这一方面，古人的确有许多成功的经验。诸葛亮就是这样读书的。据王粲的《英雄记钞》说，诸葛亮与徐庶、石广元、孟公威等人一道游学读书，"三人务于精熟，而亮独观其大略"。看来诸葛亮比徐庶等人确实要高明得多，因为观其大略的人往往知识更广泛，了解问题更全面。

当然，这也不是说读书可以马马虎虎，很不认真。绝对不应该这样。观其大略同样需要认真读书，只是不死抠一字一句，不因小失大，不为某一局部而放弃了整体。

宋代理学家陆象山的语录中说："读书且平平读，未晓处且放过，不必太滞。"这也是不因小失大的意思。所谓未晓处且放过，与不求甚解的提法很相似。放过是暂时的，最后仍然会了解它的意思。

经验证明，有许多书看一两遍还不懂得，读三四遍就懂得了；或者一本书读了前面有许多不懂的地方，读到后面才豁然贯通；有的书昨天看不懂，过些日子再看才懂得；也有的似乎已经看懂了，其实不大懂，后来有了一些实际知识，才真正懂得它的意思。因此，重要的书必须常常反复阅读，每读一次都会觉得开卷有益。

‖ 正反对比结构

以下就是一篇用对比结构来写作的文章《做不喜欢的工作，是怎样的体验》。

有没有想过一份不喜欢的工作正在侵蚀着你的身心？

朋友小伊研究生毕业，以管理培训生的身份入职一家世界500强外企。500强外企的管理培训生，美煞旁人。

除了本职工作，小伊在业余时间还做着很多事情。我与她频繁见面，是因为我俩在一起采访职场女性。每次见到小伊，她都充满活力，她的自来熟和热情，能在非常短的时间内创造轻松热络的氛围，与采访嘉宾建立起良好的关系。

我十分羡慕小伊，在名企有一份高薪的工作，又做着自己喜欢的事情，仿佛有用不完的精力。

当我和小伊一起去采访一位职场女性时，小伊坦言自己一点也不喜欢现在的工作。每天都不愿意起床，因为心里非常抗拒上班。

她每天早上6点钟挣扎着起床，7点钟坐班车，8点半到公司，下午再坐班车回家。每天通勤需要花费3个小时。但这不是她讨厌这份工作的主要原因。

她所在的部门是机器人研发，每天要去车间看生产线运转情况。每天面对机械臂这些冷冰冰的机器，对她这种热情洋溢，喜欢与人打交道的人来说，真的是一种极大的束缚。

工作时，坐在格子间里，常常走神，工作没有动力，能拖就拖。

她心里对这份工作的抗拒，都反映在她身体上。

严重脱发，每次梳头，头发就会掉一大把。她原本乌黑的头发不知何时生出不少白发。

每个月定期失眠，整夜整夜睡不着。常常连续好几天失眠，拖着疲惫的身体去上班。有时实在吃不消，只能向领导请假，虽然知道领导对她有意见：刚入职的新人，工作这么不上心。但她的身体实在是扛不住了。

有时候，她会控制不住自己的情绪，莫名其妙对家人发火。她知道这样的行为会伤害家人，可就是忍不住。心中的郁结无法对他人倾诉，只能对家人发泄。

下班回到家，就会瘫倒在床上，连说话的力气都没有。

当她讲述这些时，我很震惊。我从未想过一份工作居然会给人的健康带来如此大的伤害。虽然，她工作压力并不是那么大，也不常加班，只是心里不喜欢这份工作，只是每天早晨要6点起床赶班车。

如果她不说，我并没有发觉。相反，我每次见到她，她都是精神饱满，像打了鸡血似的。她说，因为这些是自己喜欢做的事情，很开心，全情投入，做这些事情简直就是享受。

采访的职场女性恰好是校友学姐，小伊袒露自己很喜欢学姐在做的事情。学姐说，她正好需要招聘新员工。她强烈表达了想要加入学姐的团队。作为旁观者，我看到她与学姐沟通时，整个人的精神状态与她之前描述的工作状态完全不同。

在回去的路上，她兴奋地说："我终于可以辞掉工作，做自己喜欢做的事情了。"

我说："可是这份工作薪水比你原来的工作低很多。"

她不以为然："能做我喜欢的事，又能养活我自己，我就很满意了。我很早就想辞职了，就算没有这份工作，我也会把原来的工作辞掉。我的身体实在吃不消了。"

做自己不喜欢的工作，居然有这么大的影响。本以为，做自己不喜欢的工作，无非是打打酱油，混混日子，没想到身体居然会起如此大的反应。心理影响身体，当身体出现问题时，说明真的应该换工作了。

她原来的那份工作，是多少应届生梦寐以求的岗位，也是非常有发展前途的岗位。可是不喜欢，岗位再好对她而言也没有吸引力。

有些人，早已经辞掉不喜欢的工作，做着自己喜欢的工作。

小羽是我和小伊一起采访过的女性，她经营着自己的花店。她曾是外企的销售，业绩非常好。销售需要常年出差，在工作的第八个年头，她实在不想要那种忙碌的生活，想要调整，向老板辞职。老板不同意她的辞职，先给了她3个月的假期调整状态。3个月后她依然不愿意回去上班，假期延长到了6个月。6个月之后，她还是辞职了。在休假期间，她学了插花，抓住了偶然的机会，在1个月的时间里，将自己的文艺范儿花店开了起来。

开花店并不是那么轻松的工作，店里大大小小的事情都要亲力亲为。工作的忙碌程度，并不输于之前的销售工作。小羽很喜欢现在的状态，做着自己喜欢的事情，忙一点儿也很开心。况且，现在的时间是自由的，心灵是自由的，一切都可以自己掌控。

忙碌并不是不喜欢一份工作的主要原因，终究还是不喜欢做那份工作时自己的状态。当工作状态是敷衍、完成任务万岁，不愿意进步时，说明自己对于这份工作，并没有太大的热情。

我并不是要劝你立刻就辞掉工作，来一场说走就走的裸辞。不管是小伊还是小羽，她们辞职前，都做了充分的准备。

在现实世界里，即使你不喜欢自己的工作，也不该直接甩手，撂挑子不干。在成人的世界里，除了喜欢与不喜欢，还有责任和生存压力，毕竟大家都是成年人了，需要为自己负责，需要养活自己。

人生真的应该做自己喜欢的事情，为自己喜欢的事情投入精力和热情。而不是在不喜欢的工作上耗费心力。

做自己喜欢的工作并不简单，但非常值得。终有一天，我们会以自己心安理得的方式，在喜欢的地方，做着自己喜欢的事情。

7.2　逻辑混乱怎么办

如果你觉得自己的文章逻辑混乱，那么你可以在写作之前，通过以下几种方式先思考好文章的框架，然后再下笔。

1. 列大纲法

在下笔之前，可以通过列大纲的方式，先在A4纸上列出文章的大纲，再开始动笔写文章。

2. A4纸列素材法

在A4纸上列出所有与主题相关的素材，再筛选出与主题相关的素材，合并同类项，按照一定的逻辑顺序组织这篇文章。

3. 思维导图法

写文章之前，先把文章的大纲用思维导图画出来，然后在写作时，根据思维导图填充内容。

但有些人，如果先列好大纲写作，会觉得无法下笔。对于这样的写作者，可以先用自由写作的方式写好初稿，然后在修改的时候再来调整文章的逻辑顺序，使段落之间的衔接更加顺畅。

写完文章后，在修改时可以思考下这篇文章是按照什么逻辑框架来写的，可以调整段落之间的顺序，使文章的逻辑更加清晰。

修改时，可以先用思维导图的方式来整理文章的内容，如果你的思维导图的结构非常清晰，说明你的文章结构也是比较清晰的，如果很难用思维导图来总结文章内容，则说明文章的逻辑比较混乱，你应该重新调整文章的顺序。另外，有时候自己看不出问题来可以发给朋友阅读，让朋友看你的文章结构是否清晰，让他给你的文章提建议。

即使在写作时没有套用逻辑框架，在修改时仍然可以调整文章顺序，让自己的文章符合某一种逻辑顺序。

7.3　段落之间的衔接

　　文章的骨架除了整体部分要符合特定的框架以外，部分之间的衔接也要顺畅。文章的段落衔接好了，才能前后连贯构成整体。

　　段落之间的衔接，也叫"过渡"。过渡是指体现段落与段落、层次与层次等各种衔接关系的形式或手段。它在文中起着承上启下的作用，使文中前、后相关的两个段落或层次上下连贯，文脉相通。必要的过渡可强化文章的逻辑性和层次感，使结构更加严谨。

　　具体该怎么来过渡？我们来学习以下4种段落衔接方式。

　　第一，用词语过渡。

- 关联词过渡，如表示转折的：然而、但是、可是、不过等。表示因果关系的：因此、所以等。表示承接的：于是等。表示总结的：由此观之、综上所述等。用这些关联词可以链接段落之间的关系。

- 用序数词过渡。比如，采用序数词"第一""第二""第三"来表示过渡。常见的表示顺序的词语还有首先、其次，或者首先、然后、接着等。

　　在前文讲的常见的文章框架里其实说的就是通过"第一""第二""第三"这样的序数词来让文章逻辑清晰。

　　第二，用句子过渡。

- 用提示句过渡。

- 用设问句过渡。

- 用重复句过渡。

● 用承上启下句过渡。

第三，用过渡段过渡。

过渡段是指在文章上、下两段中间设置一个过渡段，承上启下，衔接自然。这种方式在文章中运用最频繁，也是使文章结构最紧凑的一种方法。

怎样设置过渡段？一般过渡段是前几段文字的总结，加上后几段文字的总起。用这样的方式可以快速并巧妙地在文中设置一个过渡段，让文章结构清晰，衔接自然。

第四，用小标题过渡。

用小标题过渡是自媒体写作中非常常见的一种方式。大部分自媒体文章都是用小标题方式过渡的。

7.4 开头和结尾照应

除了过渡，为了使文章内容衔接紧凑，结构严谨，一篇文章中前面写到的，中间或结尾都要有交代；后面提到的，前面要有所铺垫，这种安排设计叫作"照应"。

常见的照应方法有3种：首尾照应、文题照应、前后照应。以我们非常熟悉的课文《小橘灯》为例，这3种方法在《小橘灯》中都有范例。

第一，开头和结尾照应。

开头写道"这是十几年以前的事了。在一个春节前一天的下午……"结尾写道："但是从那时候起，每逢春节，我就想起那盏小橘灯。十二年过去了……"，结尾呼应开头的"十几年以前的事了"，以及"春节前一天的下午"。

第二，文题照应。

文章中，多处照应了题目《小橘灯》。比如，文章第五段的"我下楼在门口买了几个大红橘子，塞在手提袋里，顺着歪斜不平的石板路，走到那小屋的门口。"和第六段、第七段、第八段小姑娘掰开橘子制作小橘灯的动作，第九段的"我提着这灵巧的小橘灯，慢慢地在黑暗潮湿的山路上走着。"和第十段的"我的朋友已经回来了，看见我提着小橘灯，便问我从哪里来。"都在呼应题目《小橘灯》。

第三，文章前后照应。

比如，第二段对房间陈设的描写，提到竹凳及墙上的电话；第三段写小姑娘登上凳子要打电话的动作。第二段提到朋友有事出去，第十一段则交代朋友已经回来了。《小橘灯》行文处处照应，结构严谨，来龙去脉清晰鲜明。我们在写文章时，也要学会这3种照应方式，让文章内容衔接紧凑，结构严谨。

第 **8** 章

如何修改文章

好文章是改出来的，古今中外，但凡文章写得好的人，大多在修改上下过功夫。

《红楼梦》的作者曹雪芹"批阅十载，增删五次"。托尔斯泰的《战争与和平》据说前后修改过7遍。海明威的《永别了，武器》的结尾重写了39遍才满意。《不畏将来 不念过去》的作者十二在出版前将书稿整整修改了十二遍。

唐宋八大家之欧阳修写完文章后，总要贴在墙壁上，以便随时修改，有时一篇文章竟会修改到一字不留。他的老伴怕他用功过度说："何自苦如此，当畏先生嗔耶？"欧阳修笑曰："不畏先生嗔，却怕后生笑。"

著名散文作家杨朔曾说："我的散文是改出来的，我的手稿总改得密密麻麻。"他的《雪浪花》手稿全文不过3000字，修改的地方有200多处，没有改动的句子仅剩15处。

美国知名小说家之一约翰·欧文曾说："修改是编辑的灵魂，作为一个小说家，改写占了我人生的四分之三。"

大师们的作品尚且经过好几遍的修改，何况我们的呢？我们呈现给读者的不应该是初稿，而是经过多次精心修改过的文章。

8.1 如何修改文章

修改文章时，要用修改一本书的态度来修改一篇文章。如果文章将要被收录到一本书中出版，那么作者会更加严谨地对待这篇文章，因为出版之后，即使发现了错误，也无法再修改。我们修改平常的文章也该有这样谨慎的态度。

‖ 将写和修改分开来

在讲修改文章之前，先陈述下将"写"和"修改"分开来的创作方法。

写作和修改是两件不同的事情，创作时是作者角色，修改时是批评者角色，作者角色和批评者角色要严格分离。

写作时是创作的大脑，应该天马行空，无拘无束，放飞想象力，尽量快速地写作，不要重读写下的文字。一旦去评判自己的文字写得好或不好，就会转换批评者的角色，想象力和创意就会受到限制。

修改文章的过程是批评者的角色，要站在读者的角度来重读自己的文章，要"心狠手辣"，大刀阔斧删除写得不好的文字。

写完文章之后应该放一段时间再来修改。因为刚写完文章，作者的思路、情绪并不能在短时间内就从文章中抽离出来，比较难以客观地评判自己的文章。有些乐观的作者会觉得自己的文章实在是写得太好了，几乎没有可以修改的地方。悲观的作者会觉得自己的文章写得太烂，恨不得撕掉。让文章"冷却"一段时间，再来复看文章，往往能发现不少缺点和错误。一般而言，可以放一两天再来修改，至少是放一夜，第二天再修改。

　　不过现在是自媒体时代，写文章讲究时效性，尤其是最热点的文章，错过了最佳的发文时间，阅读量就会相差很多。热点文章写完之后很难等一两天再发布。针对自媒体热点文章的修改过程，写完文章可以请别人阅读一遍，或者放10～15分钟，休息一下，换个思路，再开始修改文章。

　　现在很多自媒体平台都是日更。针对这样的情况，除了热点文章之外，作者可以提前写好文章，而不是当天写当天要发布的文章。即使是当天写当天的文章，也需要备几篇备用文章，以备不时之需。

‖ 从读者的角度来修改

　　写文章时，我们主要考虑的是自己想要表达什么，修改文章时，要站在读者的角度来修改，要去思考读者想要阅读的是什么内容。一篇文章至少要写一遍，修改一遍。

　　写初稿时，把脑子里的想法直接写出来，能写多快就写多快，而且在写作过程中不要把稿子交给别人看。关起门来写作的好处是，让自己全神贯注地写作，其他一概不需要理会。

　　写完初稿之后，放空一段时间，再重新读一遍自己的文章，寻找可以改进和删除的地方，做一些修改。然后可以分享给身边的亲朋好友来阅读，聆听他们的反馈意见，综合考虑是否需要按照他们的反馈来调整文章。

　　修改时，要争取比初稿的字数更少一些，删掉与主题无关的内容及可有可无的句子，修改啰唆的句子。修改稿至少要比初稿更加简洁。

‖ 奥威尔写作六原则

　　叶圣陶与夏丏尊先生在《文心》里有这样一句话："做成了最好自己仔细看过，有一句话一个字觉得不妥当就得改，改到无可再改才罢手。这个习惯必须养成。不论做什么事情能够这样认真，成功是很有把握的。"

修改文章最重要的是修改思想。叶圣陶先生曾说："修改文章不是什么雕虫小技，其实就是修改思想，要它想得更正确、更完美。"

修改文章的过程也是修改思想的过程。在第一遍写作时，有些句子思考得不够严谨，有些表达不够精准，修改是为了让文字能够精准地表达思想，也是为了让自己的思想更加严谨。乔治·奥威尔（George Orwell）在《政治与英语》里写了自己写作的6条基本原则。

- 绝不要使用在出版物里经常看到的隐喻、明喻和其他修辞方法。
- 如果一个字能说清，不要用两个字。
- 但凡一个字能删掉，一定要删掉。
- 只要能用主动语态，绝不要用被动语态。
- 能用常用词的时候，不要用外来词、术语和行话。
- 绝不要用粗俗语言，为此可以打破上面任一规则。

我们在写作时，也可以参考奥威尔的6条基本原则，总结出自己的写作原则。记住，清晰的写作来自于清晰的思想。

‖ 修改文章五步法

接下来我们详细介绍修改文章五步法。

修改文章时，按照先整体，后局部的方式来进行。先从整体思考文章的主题是否明确，选材是否合适，逻辑是否清晰，这些修改好之后，再去修改文章的细节，比如，用词是否精确，标点符号是否正确，是否有错别字等。

如果先修改局部的字、词、句，修改完之后，才发现文章的主题不够明确，或者选材不合适，那么前面的修改也就白做了。因此修改文章时，按照从整体到局部的顺序进行更加合理。

可以从以下5方面来修改文章：主题、材料、逻辑、语言、标题。

1. 主题是否明确

一篇文章一个主题，不能什么都写，什么问题都想一起解决，这样会分散读者的注意力，让读者不清楚作者到底要讲什么主题。我们所谓的跑题，其实就是写着写着写到了其他主题上去了，初学者特别容易犯这个错误。收集素材的阶段是"做加法"的阶段，修改文章的过程是"做减法"的过程。修改文章时，一定要删掉与主题无关的素材。切记，一篇文章围绕一个主题来写作。

2. 所选材料是否能说明主题，删除与主题无关的素材

修改时，要注意考虑所选材料是否能说明主题。如果所选材料与主题不符，不仅会大大减弱文章的说服力，还会闹出笑话。因此，所选材料要典型，否则就必须更换。

要删除与主题无关的内容。文章要有侧重点，在修改时，要大刀阔斧，也要忍痛割爱，把不相关的素材删掉。俄国作家契诃夫曾说："写得好的本领，就是删掉写得不好的地方的本领。"

3. 文章的逻辑是否足够清晰

写初稿时，往往想到什么就写什么，即使列了提纲，写作时也不一定按照既定的思路去写，因此写的初稿有时候会逻辑紊乱，详略不分，衔接不紧，结构松散。因此，修改文章时，要重点调整段落之间的顺序，让文章更有逻辑性。

4. 边读边改，润色语言

文章的主题、材料、逻辑三部分没有问题之后，就可以开始修改文章的细节部分，也就是文章的语言，让文字内容更加具体，描写更加生动，用词更加精准，也可以检查下是否有不通顺的句子，是否有错别字，是否有用错的标点符号等。

可以用朗读的方式，边读边改，推敲润色。朗读过程中，可以发现文章不通顺的地方和错别字。

5. 标题是否足够吸引人

标题是一篇文章的画龙点睛之笔。但初学者写完文章之后，往往不加思考，随意取一个标题，这是非常不可取的。标题一定要多琢磨。关于如何取标题，可以参考标题一章。

8.2 语言的修改和润色

文章进行整体修改后，还有一个润色阶段，修改文章的病句，让语言更加优美。在修改文章的语言时，可以从以下4方面来修改润色。

‖ 语言的修改和润色

1. 删除多余的"的"

"的"字是白话文中使用频率最高的一个字。因为"的"字的功能很多，既可以充当形容词，如有趣的节目，又可以充当判断词，如你是错的，还可以是表从关系的形容词，如他的看法不对等。在英语中，可以用不同的介词来表达，在白话文中，基本都是用"的"来表达。

余光中曾说："少用'的'字，是一位作家得救的起点。"他认为："的"字在朗读时的节奏上只占半拍，有承接之功，无压阵之用；但是在视觉上却也俨然填满一个方块，与前、后的实字分庭抗礼。因此"的"字对于文字的破坏力很强。如果"的"字不加节制，出现太频繁，不仅听来琐碎，看来纷繁，而且可能扰乱了文意。

修改的时候，要去掉不必要"的"字。有一位作者曾说：十余年前进《人民日报》国际部夜班编辑部的时候，听老编辑们说，绝大多数"的"字可以删掉。一试，果然如此。

绝大多数"的"字都可以删掉。删掉"的"字之后，文章也会变得更加简洁，更有节奏感。每次写完一篇文章，可以统计下全文所用"的"字，删除一部分可用可不用"的"字，使其数量控制在最小范围内。

2. 多用短句，少用长句

有些人习惯写长句，甚至一个段落几百字，只有一个句号。

一般而言，长句深沉严肃，短句热烈奔放。长句表意严密，短句表意灵活。自媒体文章多用短句，少用长句。

读者一般是在手机阅读自媒体文章。如果整篇文章都是长句，读者的阅读体验并不太好，长句太多，黑压压一片文字，读起来比较累。另一方面，长句显得严肃沉闷，短句比长句显得活泼有趣，对于自媒体文章，更适合用短句。在修改时，适当地把一些长句解构为几句短句。

3. 删除一些冗余的词，让文章更简洁

写文章时，要尽量保持简洁，有些可用可不用的词尽量不要用。比如，"进行"这个词。使用"进行"这个词加长了句子，却没有带来任何含义的增量。比如，我们准备进行一次考试，其实可以直接说"考试"。每次写完文章，可以全文检索"进行"二字，然后全数删掉。再如，"通过"这个词也可以删除。举个例子，"通过医生的精心照料，他恢复了健康"，可以直接说，"他在医生的精心照料下，恢复了健康"。

此外，删掉一些副词、形容词、陈词滥调，以及口头禅。让文章更加简洁。

4. 单、双音交替使用

文言文的写作是单音节词居多，白话文是双音节词偏多。单音节词和双音节词交替使用，可以提升文章的节奏感。

比如，转折的时候经常用"但是"，有些时候，直接用"但"这个词就可以。比如，有时候，用"声"一个字就可以代替"的声音"这3个字。

‖ 常见的病句

修改文章时也要去检查句子是否有语病。有些作者写的句子不通顺。以下举了常见的一些语病，在修改时可以去检查下自己的文章是否存在以下7种语病。

1. 成分残缺

缺少主语、宾语等句子成分。

病句：通过医生的精心治疗，使他很快恢复了健康。

语病：主语残缺。修改：删去"通过"或"使"。

正确：医生的精心治疗，使他很快恢复了健康。或者，通过医生的精心治疗，他很快恢复了健康。

病句：全校师生积极开展"献爱心"。

语病：句子后面缺少"开展"的宾语。修改：可以加上"活动"一词。

正确：全校师生积极开展"献爱心"活动。

2. 搭配不当

主谓搭配不当，主宾搭配不当，动宾搭配不当，关联词搭配不当等。

病句：他那锐利的眼睛投向了人群。

语病：主谓搭配不当。修改：把"眼睛"改为"目光"。

正确：他那锐利的目光投向了人群。

病句：临近期末，同学们的学习态度有了明显的提高。

语病：学习态度不能用提高。修改：改成"端正"或"改进"。

正确：临近期末，同学们的学习态度有了明显的改进。

3. 重复啰唆

病句：她把这次团队活动的具体详情都告诉了大家。

语病：重复啰唆。修改："具体"与"详"重复。

正确：她把这次团队活动的具体内容都告诉了大家。

病句：李大爷老了，头上的头发全白了。

语病：重复啰唆。修改："头上的头发"重复啰唆，头发不就长在头上吗？

正确：李大爷老了，头发全白了。

4. 用词搭配不当

病句：我忽然感到她是个很智慧的人。

语病：用词不当。修改：智慧是名词，误用为形容词。

正确：我忽然感到她是个很有智慧的人。

5. 词序不当

病句：数学对我不感兴趣。

语病：词序不当。修改：主体"我"，客体"数学"。

正确：我对数学不感兴趣。

病句：各种新发现的流行病，使我们改正并认识了自己不良的卫生习惯。

语病：词序不当。修改：逻辑上应是先"认识"，再"改正"。

正确：各种新发现的流行病，使我们认识并改正了自己不良的卫生习惯。

6. 否定不当

病句：为了避免今后不发生类似的事故，我们应尽快健全安全制度。

语病：否定不当。修改："避免不发生"就是"发生"的意思，意思完全相反了。

正确：为了避免今后发生类似的事故，我们应尽快健全安全制度。

7. 前后矛盾

病句：征文稿件的字数不要超过1000字左右。

语病：前后矛盾。修改："不要超过"和"左右"前后矛盾。

正确：征文稿件的字数不要超过1000字。

8.3 跟鲁迅学修改文章的技巧

鲁迅先生非常重视文章的修改，我们可以向鲁迅先生学习他是如何修改文章的。

他在给叶紫的信中告诉叶紫，在文章写成之后，不急于拿出去，"搁它几天，然后再来复看，删去若干，改换几字"。在《答北斗杂志社问》中说："写完后至少看两遍，竭力将可有可无的字、句、段删去，毫不可惜。"鲁迅也非常重视向大作家的手稿学习。

1. 要"顺口"

鲁迅说："我做完之后，总要看两遍，自己觉得拗口的，就增删几个字，一定要把它读得顺口"，"只有自己懂的或连自己也不懂的生造出来的字句，是不大用的"。文章写好后，最好的办法就是静下心坐下来朗读，一遍两遍不行就三遍四遍，从中发现缺陷，边读边改，使之"顺口"。

2. 要"冷却"

他在给叶紫的信中告诉叶紫，在文章写成之后不急于拿出去，"搁它几天，然后再来复看，删去若干，改换几字"。

我们写文章也应该给文章"冷却"的时间，可以放1～2天再来修改文章。等文章冷却后再来修改，一方面可以更加客观地评价这篇文章，另一方面，过了一两天后再来修改，可以发现更多可以修改的地方。

3. 要"狠改"

在《答北斗杂志社问》中，鲁迅说："写完后至少看两遍，竭力将可有可无的字、句、段删去，毫不可惜。"只要与主题思想无关，就要下狠心删改，不能"心慈手软"。

鲁迅身体力行着这一主张，直到生命的最后一刻。他生命的最后两天中所写的《因太炎先生而想起的二三事》一文，仅有2600多字，其中修改的痕迹有53处之多。

4. 要向大作家的手稿学习

鲁迅非常重视向大作家的手稿学习。

鲁迅在文章《不应该那么写》中写道："应该这么写，必须从大作家们完成了的作品去领会。那么，不应该那么写这一面，恐怕最好是从那同一作品的未定稿本去学习了。在这里，简直好像艺术家在对我们用实物教授。恰如他指着每一行，直接对我们这样说——'你看——哪，这是应该删去的。这要缩短，这要改作，因为不自然了。在这里，还得加些渲染，使形象更加显豁些。'"

大作家的手稿非常珍贵，一般很难看到。在作家纪念馆里，有些会陈列作家的手稿，比如，上海的鲁迅纪念馆里有陈列鲁迅先生的历史小说《故事新编》的原稿、《毁灭》译稿手迹、杂文《势所必至，理有固然》手迹等，我们得以一窥作家的手稿。

上海鲁迅纪念馆出版了《上海鲁迅研究·鲁迅手稿研究专辑》，书中收录了鲁迅的手稿，如果你想向鲁迅的手稿学习，可以研读这本书。

第 **9** 章

如何写出精彩的书评

读后感和书评是常见的一种文体。对于写作初学者来说，写读后感和书评是一个非常好的入门写作方式。看完一本书，写一篇读后感或书评，不仅可以帮助自己理解书中的内容，还可以总结自己的阅读心得，如果写得好，还可以投稿，赚取稿费，是一举三得的事情。

　　读后感和书评有什么区别？

　　读后感，顾名思义，是读完这本书之后的感悟、收获，以及对这本书的评价。内容主要是抒发对这本书的理解。

　　书评主要是对这本书内容的概述、作者的介绍，以及对这本书的评价。书评客观概述这本书的内容，少量加入对这本书的理解。相比而言，读后感更私人，书评更客观。不管是写书评还是写读后感，我们都需要根据不同的写作对象，采用不同的写作方式。

9.1 明确书评的写作目的

针对不同的写作对象，文章的写作方法及使用的语言也不尽相同。

‖ 写给自己看，自娱自乐

写给自己看的评论性文章可以尽量抒发自己的真实感受和情绪，你的地盘你做主，你想怎么表达就怎么表达，想怎么抒发自己的情绪就怎么抒发。

虽然是写给自己看的，但还是要提高对自己的要求，把它作为一种写作练习来提高自己的文笔。写作时，你可以采用"摘抄+点评"的方式，列出打动你的段落，然后加上你的点评和看法。

‖ 写给读者看，有用、有趣、有料、有力

写给读者看的评论性文章就要考虑读者的感受。我个人认为，写读后感与写普通文章并没有不同，受读者欢迎的读后感一般也符合"有用、有趣、有料、有力"这四个标准。你可以根据这四个标准选择读后感的写作风格。

如果选择的是"有用"，那么在读后感写作过程中，你就尽量从书中总结一些干货的要点，并结合自己的实践来说明这些观点。比如，我之前写的《坚持，一种可以养成的习惯》的读后感《坚持一个好习惯500天，其实很简单》，这篇文章是根据书中养成习惯的3个阶段，再结合自己在养成每日写作习惯时的经验而写成的。用自己的真实故事结合书中的干货方法，就可以写成一篇"有用"的爆款读后感。

如果你选择的是"有趣"，那么你在读后感的写作过程中，就可以选择一些有趣

的、新奇的观点，再结合自己的故事，写出一篇有趣的读后感。

一本书中的观点很多，我们在写读后感的时候，切忌大而全而浅，可以选择一个小的切入点，选择一点或几点打动你的地方进行评论，能把一个观点讲清楚、讲透彻，比讲好几个观点但每个观点都讲不透要好。

写作时，需要注意以下两点。

第一，趣味性。写读后感和书评时，不要写得过于枯燥、沉闷，要尽量写得活泼接地气一些。不要只是罗列作者的观点，要举几个故事。在文中也可以讲讲自己读完这本书的收获及自己的实践。

第二，引起读者的共鸣。写评论性文章时，可以从普通人的日常生活中选取素材，从自己或朋友的生活中选择素材，这样能容易引起读者的共鸣。

‖ 写给媒体发表或者投稿

书评写得好，还可以给平台投稿。不同平台，对于书评的要求也不尽相同。对于纸媒的投稿，一般要求书评要尽量客观、理性，字数在1200 ~ 1500字之间，尽量阐述这本书的内容，留给书评人阐述自我观点的空间比较小。

除了纸媒的投稿，也可以给一些平台投稿，如一些微信公众号大号，像十点读书、有书等。每个平台的风格不同，投稿时，先要去了解各个平台的风格，有针对性地进行创作。自媒体的书评一般要求文字接地气，轻松、活泼、有趣，因此要根据平台的特点来调整自己的写作风格。

根据不同的写作对象，采取相应的写作方法和语言风格。写读后感或书评与写其他文章类似，只是在写作过程中会引用一些书中的内容和观点。

9.2 如何写出爆款读后感

怎么样写出一篇爆款的读后感。读后感的写作与其他文章的写作类似，不同之处是你在文章中会引用部分作者的观点。如何写出一篇爆款读后感？可以从以下方面着手。

1. 确定写作主题，选择写作角度

一本书有几百页，作者在书中阐述的内容很多，写读后感时，不要求你把书中的所有内容都囊括，也无法用几千字的一篇文章把书中所有内容都包含进去。那怎么办？弱水三千只取一瓢，选择一个主题来写，根据这个主题来选择相应的观点和素材。

举个例子，我之前写的村上春树的《当我谈跑步时，我谈些什么》的书评，我的写作主题是"向村上春树学习写作"，围绕这个主题，我从书中选取了村上春树对于写作者应该具备哪些资质这部分内容，并结合自己的写作实践和观点来进行阐述。

2. 加入自己的观点

写书评的过程中，不要只是阐述作者讲了什么观点，要加入自己的理解和感悟。不要只是摘抄书中的素材，要结合自己的亲身经历或经验。这样的读后感，读者读起来就会有共鸣。如果只是阐述书中的观点，那读者直接去阅读这本书就好了，没有必要阅读你写的读后感。

3. 要写得有用、有趣

写读后感要尽量写得有用、有趣，而不是沉闷地摘抄书中的观点。可以结合书中的观点举几个例子，或者写自己的故事，增加文章的趣味性。

4. 取有吸引力的标题

不少作者在写读后感时文章的标题就直接是《×××读后感》，这样的标题在自媒体时代是没有吸引力的。标题对于读后感的文章也是很重要的，可以根据前面如何取爆款标题的方式来给读后感取一个有吸引力的标题。不要用书籍的名称代替读后感的标题。

我之前写的一些读后感的标题，如《优秀的绵羊》的读后感标题《为什么说名校毕业等于零》《学会学习》的读后感标题《你适合哪种学习方法？ 16款伟人定制"原创学习法"，总有一款适合你》《沟通的艺术》读后感标题《真正的沟通高手，都是懂自己的人》。取一个有吸引力的标题，才能吸引更多读者来阅读你的读后感。

在写读后感的时候，需要在文中介绍下这本书的书名和作者的基本情况，并用几句话简要概括这本书的主要内容，让读者对这本书有一个整体了解。

这里举两个例子，第一个例子是反面教材，是我刚刚开始写读后感时写的文章，基本不满足上文讲的4个方面。首先，没有取一个吸引人的标题，而是直接用《断舍离》这本书名加上读后感作为文章的标题：《〈断舍离〉读后感》。第二，主题不明确，我简单地讲述了自己读完《断舍离》的一些感触，但没有鲜明的主题。第三，内容比较浅，读者看完我的读后感后并不能了解《断舍离》这本书的主要内容。

《断舍离》读后感

前几天用很快的速度看完了《断舍离》，带给我对待物品的全新视角。

你对待物品的态度折射出你对待自己的态度。如果你经常用廉价物品，说明你低估自己，觉得自己配不上精致的物品。

收拾东西时要关注你与物品的关系，而非这物品的用途。在整理时要问自己，当下的你是否需要这个物品，而不该想：这物品很实用，我以后可以用来干吗干吗，从而导致物品越堆越多。

我们的物品中80%是不常用的，只有20%是常用的。说明很多物品一年中用不了几次，却占用了很多空间。

要关注当下，要购买当下需要的物品，而非以后用得上的物品。收拾东西的时候，那些曾经非常喜爱或充满回忆但现在已经不用了的东西也要果断处理掉。

对于不用的物品，如果送给别人要说"请收下"，而不是"我不用了，给你吧"。对于曾经很喜欢但现在需要处理的物品，要说声"谢谢"；对于买来没怎么用一直闲置的物品，处理时要说声"对不起"。

看完《断舍离》不能只停留在理论阶段，要实践起来。

先从小卧室的书桌开始吧，书桌上堆得满满的，大多是书和笔记本。我丢弃了几个已经写完的笔记本，之前一直留着，觉得是见证研究生学习生涯的记录。

也发现两本对我来说没有帮助的书，而且这两本书我从未看过。这两本是某公司搞活动赠送的技术性书籍，我不做技术，因此用不到。

我想，公司的同事肯定有需要的，就拍了书的封面，在朋友圈问是否有人需要。很快就有朋友预定了，尤其是那本电源设计的书，好几个人要，但只有一本，只好先到先得。

这两本在我这里闲置的书，在同事/朋友那里发挥了用处。我心里也是很高兴的，既没有了一直将书本闲置的负罪感，又赠人玫瑰，手有余香。

周末可以抽个时间把家里物品再用"断舍离"方法收拾一下，给自己一个整洁温馨的家。

第二个例子是我写《成为作家》这本书的读后感，我个人觉得是写得还不错的一篇读后感。文章的题目是《关于写作的各种困惑，答案都在这本书里》，这篇文章在简书有3.5w+阅读量，2200喜欢，400左右的评论。这篇文章的写作主题聚焦在写作过程中遇到的各种困惑，以及《成为作家》的作者针对这些困惑给出的答案，当然这个困惑和答案是我从书中整理出来的。以下是这篇文章的全文。

关于写作的各种困惑，答案都在这本书里。

一年前，刚刚开始写作之际，我有幸看到了《成为作家》这本书，在这本书的指导下，我开始了晨间写作之旅，持续了450多天。这本书教会我的毫不费劲写作的方法我至今还在使用。如果你也想开启写作之旅，强烈推荐阅读这本书。

看完这本书，我觉得它对我最大的价值不是写作技巧上的贡献，而是写作认识方面的贡献。我们关于写作的种种困惑都可以在书中找到答案。

1

什么人能成为作家？写作需要天才吗？作家是可以教会的吗？

《成为作家》可以为我们解答这些问题。作者首先指出作家天才论的误区，认为一个人能否进行文学创作，首先不是技巧上的问题，而是认识上的问题。作者认为，写作确实存在一种神奇的魔力，而且这种魔力可以传授。谆谆教诲，直面问题本质，带领读者踏上一条成为作家之路。

一般的学生或大多数初学写作者所遇到的困难并不是小说创作技巧所能够解决的，他需要解决的是我能不能写的自信心问题。

最近看了《疯狂动物城》，这部影片最感动我的是兔子朱迪不管全世界其他人的嘲笑，一心想成为一名动物警察，而且她也为这个梦想努力着，最终成为一名出色的警察。

这是一部典型的美国梦电影，无论你出身如何，是否富有，只要你有梦想并且坚持下去，你就一定可以成为任何你想要成为的人。

我想对于写作也是如此。《成为作家》一书的作者在开头就说了，初学者遇到的困难是能不能写的自信心问题。我想，如果你想写，你就可以写，如果你梦想成为作家，那你为自己的梦想去努力吧。

2

如何毫不费劲地写作？

《成为作家》一书中作者推荐了一个非常好的方法。朝不费劲的写作努力，要做到这一点最好的方法是：比你习惯的起床时间早起半小时或一小时。尽可能地早起——不要说话，不要读报纸，不要抓起你前一天晚上放在身旁的书来读——立即开始写作。想到什么写什么：昨夜的梦，如果你还能记得；前天的活动；真实的或虚构的谈话；对意识的检查。将清晨的记忆快速而不加评判地写下来。你写得好坏或有用与否并不重要。现在你的基本目的不是写出不朽的文字，而是写下任何文字，只要不是一派胡言就行。

第二天早上重新开始，不要重读你已经写下来的东西。记住：一定要在你没有进行任何阅读之前写作。这一规定的目的你以后会清楚，现在你所需要的只是做这样的练习。使你的"产量"提高一倍。一两天之后你会发现你可以轻而易举、毫不费劲地写到一定字数。再过一段时间，在你停止早上的写作之前，想办法多写一倍。在整个写作生涯中，不论何时，只要你面临才思枯竭的危险（即使才思最敏捷的作家也会时不时遭遇这样的危险），记住把铅笔盒、纸张放在你床边的桌子上，早上醒来就开始写作。

在过去450多天的写作之旅中，我一直使用这个方法。每天早上起床，简单洗漱之后就坐在书桌前写作。在写作之前，不阅读任何文字。很多人可能起床第一件事是打开手机，看微信，或者阅读一些资讯，但我在写作之前，什么文字都不阅读，直接开始写。

这样做有三个好处：第一，早上的时间很紧张，一旦你打开微信，或者阅读文章，时间就不知不觉溜走了。第二，早晨起床时，与潜意识是最近的，而且大脑也是鲜活的，这个时候写往往可以写得很流畅。第三，早晨更容易集中注意力。村上春树讲到小说家或者写作者应该具备的三个资质，除了才华，第二个就是集中注意力。我自己是晨起型人，在早晨很容易集中注意力，到了晚上，忙了一天工作，比较疲惫，往往注意力没有那么容易集中，写作的效率也比较低。

3

如何修改作品?

《成为作家》一书中，作者的建议是：放一段时间再修改。当你正处于训练自己写作技巧的阶段时，你对自己的写作挑剔得越少越好——即使是草草地检查一遍也要少看为妙。

在修改的时候发现自己的天赋。"这些习作中不断反复出现的想法和经常使用的叙事形式会给你提供线索。它们会显示出你独具的天赋表现在哪里，你是否会最终决定专攻哪个方向。给老师的一个提醒：在班上逐一举着学生的作品让其他同学来批评是个非常有害的、彻头彻尾的错误做法。"

我一般写完一篇文章，先放几天，再来修改。写作的时候，就暂且不要管写得好不好，先勇敢地写下来，想到什么写什么，反正后面会再修改。写完之后，把文章放一段时间再修改。为什么要放一段时间再修改呢？因为刚写完，总是会觉得自己的文字很烂，没有勇气再读下去了，放一段时间，大脑里对文字的记忆消失了，反而能够客观地看待文章。

在刚开始写作的时候，可以先不要着急把自己的文章发布出来，当看到阅读量少时，难免会打击继续写作的积极性。可以先持续写作一段时间，有了一定的积累，再发布自己的文章。我从零开始写作，写了200多天，才慢慢发布自己写的文字。

4

如何写出好作品?

《成为作家》的作者说："一部作品写出来多好取决于你和你的生活：你有多么敏感、多么有辨别能力，你的经验能够多么贴近读者的经历，自己多么透彻地领悟了好作品的要素，以及你的节奏感有多好。但是不管有无局限，你会发现，如果你做完这些练习，你就能够按照这个方法写出一篇整体统一的作品。毫无疑问，它会有瑕疵，但你能够客观地看待它，并且会继续修正这些瑕疵。"

参加"21天爱上写作训练营"的小伙伴们常常会问我这个问题。其实，这个问题只能由你自己来回答，因为你的作品的好坏取决于你和你的生活。其实，这个"你"字有无限想象力，你的学习能力、你的想象力、你的敏感度、你的总结能力、你的思考力等都会体现在你的作品上。我常常觉得一个人的思考能力比写作技巧对于作品的好坏更加重要，尤其是这个时代，写非虚构类文章的人越来越多。

你这个人及你的生活决定了你的作品能够写得多好。

9.3 如何写出爆款书评

学会写书评不仅可以让自己吃透一本书，提升写作水平，还能赚取稿费。现在各大平台都在寻找书评人。

约稿的书评一般分为三类。

第一类，1500字左右的书评。用一篇1500字左右的书评简单介绍这本书的作者，概括介绍这本书的核心观点，以及对这本书的评价。这类书评可以投稿到纸媒杂志发表，也可以投稿到自媒体平台。

第二类，6000 ~ 8000字的讲书稿。把一本书的精华用自己的话来阐述，然后用语音的方式录制说书音频，一般发布在一些音频平台，让读者在20 ~ 30分钟内听完这本书的精华内容。比如，得到App的"每天听本书"栏目、有书的"365听书"栏目，喜马拉雅的"读书会"栏目等。

一篇讲书稿需要6000 ～ 8000字，录制成20 ～ 30分钟的音频。讲书稿的要求是比较高的，作者不仅要有把书读薄的能力，还要把书中的精华内容用自己的话来阐述，用通俗易懂的语言讲述给读者，让没有读过这本书的读者能够在20 ～ 30分钟的时间掌握这本书的核心内容。当然，讲书稿的稿费也是比较丰厚的。

第三类，拆书领读。拆书领读的方式是把一本书拆解成7 ～ 10篇文章，每篇文章1500 ～ 2500字，每篇文章讲述书中的一个章节或者一个核心观点。

有不少平台或公众号大号在做拆书领读的活动。比如，有书、慈怀读书、熊猫书院、晚安书院等。

不管是讲书稿还是拆书领读的形式，都是将一本书的内容讲述给没有读过这本书的读者，让他们通过阅读你的拆书文章或者讲书音频，掌握这本书的核心内容。

虽然每个约稿平台的要求和风格稍有不同，但书评文章总体而言是围绕以下这种写作方式展开的。

第一，开头引入主题。

书评和讲书稿的开头同样是非常重要的，要在开头就引起读者的阅读兴趣，并且引入这本书的主题。开头引入主题可以用讲述故事的方式，或者亲身经历来吸引读者的兴趣，引入书籍的主题。也可以用提问的方式，引发读者思考，引入主题。引入主题可以采用以下几种方式：故事法、案例法、亲身经历、提问法、数据、名人名言等。可以参考第6章中精彩开头的八大写法。

第二，概括全书精华。

引入主题后，用一两段话概括这本书的核心内容，这本书主要讲了什么内容，核心观点是什么。概括全书精华是为了让读者对这本书有一个整体了解，为后续详细介绍本书的核心观点埋下伏笔。

第三，作者概况简介。

接着，用几句话或者一段话简单介绍作者的概况，如作者是谁、在专业领域有什么建树、作者的经历等。还可以介绍下这本书在豆瓣的评分，以及读者对这本书的评价。通过介绍作者概况，让读者了解这本书的作者及其专业能力。

第四，重点介绍书中的三个核心观点或方法。

一本书至少有十几万字，在写书评或讲书稿的时候很难面面俱到，不可能把整本书的所有观点都呈现在文章里。由于篇幅限制，写作时重点阐述3个核心观点或方法。如果是写拆书领读的文章，则重点阐述这个章节里的3个核心观点。

这部分是书稿的重点，提炼出的3个核心观点一定要讲清楚。每个观点要展开阐述，要把观点讲透，切忌贪多求全。在讲述观点时可以举一些例子。在总结方法时可以具体讲述如何使用这些方法。每讲述完一个观点，可以做一个简单总结，然后再开始讲述第二个观点。通过你的讲述让没有读过这本书的读者掌握这3个核心观点，并且能够将书中介绍的方法运用于自己的实际生活中。

第五，简单讲述自己的感悟和收获。

讲完书中的3个核心观点之后，可以简单讲述自己的收获和感悟，以及对这本书的评价，但这部分内容篇幅不宜过多。

第六，结尾处对文章做一个总结和概述。

在结尾部分对文章做一个简短的总结和概述。今天分享的是哪本书，重点讲述了哪3个核心观点等。

第七，取一个有吸引力的标题。

文章写完之后取一个有吸引力的标题。关于如何取标题，可以阅读第5章《写出爆款标题的10个方法》，在这里就不赘述了。

以上是写作一篇书评或讲书稿的7个步骤。在写作过程中可以参照这7个步骤来构思全文。

接下来，再分享写出精彩书评的几个要点。

第一，真正把书读透。不管是写书评还是写讲书稿，重点是你的阅读能力和理解能力。如果你自己都没有读懂一本书是很难把这本书讲给读者听的。把书读透的方式是把这本书多读几遍，一边阅读一边标记一边思考。

第一遍通读全书，了解这本书的整体框架及主要内容，找出核心观点。第二遍重点阅读核心部分，把精华部分吃透，搞懂书中提到的每一个概念。第三遍合上书，简单复述，看自己是否能够复述出书中的核心观点。

第二，用思维导图规划写作要点。一篇讲书稿一般要6000多字，在真正动笔写之前可以先用思维导图规划写作要点。思维导图要写得比较详细，比如，用什么例子来破题，有哪几个核心要点，每个要点用什么案例来论证等。写完思维导图，先跟书评编辑对接思维导图，根据对方的建议修改，直到思维导图完全符合对方的要求。思维导图敲定了，这篇书评的总体结构和素材案例基本就没什么问题了，接下来就是用文字来讲述。

第三，根据思维导图，写作书评初稿。思维导图确定之后，文章的整体框架就确定好了，接下来就是根据思维导图填充文章的内容及丰富细节。写作时，先快速写出初稿，写完初稿再修改。很多讲书稿最后是用朗读的方式讲述给读者听的，因此，讲书稿的语言尽量采用口语化的形式写作，要通俗易懂。

第四，反复修改，定稿后朗读一遍。

初稿写完之后，要多修改几遍，把讲得不够清楚的部分论证清楚，把不相关的内容删掉，把不通顺的地方修改通顺。具体的修改建议可以参考第8章。定稿之后，自己先朗读一遍，看行文是否通顺易懂，是否拗口，把不够顺口的地方修改一下。

以上是写出精彩书评的步骤和要点。举一篇我之前写的讲书稿作为例子，这篇文章在讲书稿中属于字数比较少的，因为平台要求在3500字左右。另外，因为这篇讲书稿是我自己解读自己的作品，因此省略了作者简介部分。

时间的格局： 让每一分钟为未来增值
弘 丹

你好，这里是×××，我是《时间的格局：让每一分钟为未来增值》的作者弘丹。今天，我要为你解读的是我的新书《时间的格局》，本书大概15万字，在接下来的15分钟里，我会讲给你听如何管理好自己的时间，成为高效能的行动派，并走出知识焦虑。

最近我发现一个奇怪的现象，越是热爱学习的人，反而越焦虑。在碎片化时代，很多人都会陷入学习焦虑的怪圈。曾经，我也陷入学习焦虑的困境，买书、囤课、追人，每天过得又忙碌又焦虑。到底该如何走出知识焦虑，将所学的知识真正实践起来？

这就是《时间的格局》这本书所想要解决的问题。这本书从重构思维、投资时间、高效行动这三个步骤带领你走出学习焦虑。第一步，重构思维，走出自身思维的局限。第二步，投资时间，让每一分钟为未来增值。第三步，成为高效行动者，唯有行动才能改变自己。

下面详细介绍这3个步骤。

第一步，重构学习思维。

有些人虽然买了很多书，听了很多课，参加了很多活动，进步却微乎其微。通过观察，我发现这些人是用"红灯思维"在学习。

红灯思维是指遇到与自己不一致的观点，第一反应是：找理由反驳。比如，别人提出新建议、新方法，他没有实践就直接反驳"你不了解情况"，"这根本不可行"，或者还没有等对方说完，就开始抢话："你先听我说。"

这样的场景相信我们经常遇到。用"红灯思维"来学习的人一般只接受自己认可的观点，遇到自己不认可或不熟悉的观点立马就跳起来反对，并拒绝接受。如果是这样的学习方式，即使学再多，也只是巩固了自己的旧知，新的知识和观点并没有进入自己的知识体系。

为什么会产生"红灯思维"？原因之一是我们与生俱来的习惯性防卫心理。这是人类进化过程中发展出的一种自我保护机制。当我们遇到与过去认知不一致的新观点时，就会触发我们的习惯性防卫。

为了减小习惯性防卫带来的不利影响，我们需要建立绿灯思维。

什么是"绿灯思维"？绿灯思维是指，遇到新观点或不同意见时，第一反应是：这个方法一定有用，我应该怎么运用在自己身上？

建立绿灯思维，需要你用一种开放和积极的心态去聆听。不带有任何偏见或先入为主的成见来学习，带着一种开放的学习态度，对新信息保持敏感和兴奋，不仅要仔细聆听对方的讲话内容，还要努力激发出自己的想象力，同时思考着"我该如何应用这些知识"。这就是用绿灯思维来学习的方法。

如果你一直用"红灯思维"来学习，即使听再多课，看再多书，你的习惯性防卫直接把这些新观点、新知识挡在了外面。你不相信，更不会去实践，那些知识对你而言不会发生任何作用。因此，看了这么多书，听了这么多讲座，还是老样子，变化微乎其微。要提升学习效能，第一步就是要觉察自己的习惯性防卫。最可怕的就是你有"习惯性防卫"而不自知。

当你使用绿灯思维来学习时，你不仅能够把自己听到的内容或接触过的知识联系起来，还会充分发挥自己的想象力，找出一些新的方法来应用和实践所学到的知识。

如果想要获得成长，要先从底层打通自己的学习心态，从"红灯思维"升级为"绿灯思维"，这其实就相当于学习思维的重构。

建立"绿灯思维"之后，你才会用开放的心态来看新的知识和信息，才会用新知来指导自己的实践，这样的学习才是高效能的。

重构学习思维之后，第二步就是要学会投资和管理时间，让每一分钟为未来增值。

做任何事情，都是需要耗费时间的。但时间是不可再生资源，每天24小时，过完就没有了。要用投资的眼光来看待时间，要让每一分钟为未来增值。

时间投资法第一步：记录时间。

感知时间的第一步就是要搞清楚自己的时间都用来做了些什么事。如果你不知道自己的时间是怎么消耗的，你也就无法进行自我管理。

我用印象笔记来记录每天的时间。在印象笔记中，我有一个命名为"To Do List"的文件夹，里面记录了我每天做了什么事，花了多长时间做这件事。这个习惯已经持续了五年。记录的方式是参照《奇特的一生》中柳比歇夫的时间统计法。

如果你现在问我，两年前的今天我做了什么事，我只要花30秒在印象笔记中搜索找到当天的记录，立马可以告诉你我做了什么事，每件事花了多长时间。

时间管理不仅仅是记录时间那么简单，也不仅仅是合理利用每一分每一秒的时间，而是要直面困难，如果你一直逃避困难，即使你每天都很忙，时间安排得满满当当，成长也是有限的。

真正的时间管理高手不仅敢于直面困难，而且在一天先开始的时候就把困难的事情做完。一般人做事情总是先做简单的事情，再做困难的事情。用这样的顺序，我们会发现大部分时间都用于处理简单的事情，而开始处理困难的事情时就没有时间了。我们要学习《吃掉那只青蛙》中提出的方法，每天先吃三只青蛙，先把最难啃、最困难的事情做完。

因此，我每天用印象笔记进行每日三件事打卡，每天先完成最重要的三件事，先把困难的事情做完，再做简单的事情。

时间投资法第二步：预留整块的时间。

成为高效率的人的秘诀就是善于集中精力，把重要的事情放在前面做，一次只做好一件事。而且，越是重要的事情，越需要"整块的时间"。

在碎片化时代，很多人在想如何提高碎片化时间的利用率。其实，我们该思考的是如何防止自己的时间碎片化，而且要想方设法保卫整块时间，并把碎片化的时间集中起来变成整块的时间。这是提高时间利用率的最好方法。就像管理大师彼得·德鲁克曾说：当你只有碎片化的时间时就相当于没有时间。

集中整块时间会大幅提升时间的利用效率。如果你一边看书一边看微信，你会发现，过了半小时，书还没有看几页。如果你关闭手机，集中注意力阅读，一本书用三四个小时就能看完。写作时，一边逛网页、看微信，结果过了一两个小时，文章还没有写完。如果写作时保持断网，集中注意力写，一个小时差不多可以写完一篇2000字的初稿。

另外，适当保持离线也是有必要的。移动互联网时代，有些人几乎每天24小时随时保持在线，从而每天有大量的碎片化信息涌入大脑，会让我们的大脑一直处在信息处理的状态，没有时间深入思考。

生活中，重要的决策都是需要深入思考才能做出的，因此我们有必要每天保持一定的离线时间，暂时离开手机和网络，这不仅可以让我们变得更加高效，也可以让我们有时间深入思考，做出更好的决策。

时间投资法第三步：100小时定律。

说到100小时定律，很多人应该会想到1万小时定律。1万小时的刻意练习对于普通人来说很难做到。如果把时间维度缩小，把1万小时缩成100小时，就容易了很多。

很多人说自己喜欢做什么事，但只是嘴巴上说一说，很少真正去实践。如果你对某件事感兴趣，可以先花100小时去学习，说不定能够培养兴趣，并且能够初步入门，而不是仅仅停留在口头上的喜欢。

在某一件事上投入100小时，你就能从门外汉达到初级水平，而且你已经把大部分的人甩在后面，因为现代社会很多人根本就不愿意行动。

掌控时间者掌握人生。时间分配决定了我们的人生。我们应该认真思考一下，自己的时间和资源该怎么分配，这会决定你人生的走向。

《时间的格局》随书赠送每日日课打卡卡片，就像《了凡四训》里讲的："从前种种，譬如昨日死。今后种种，譬如今日生。"

你怎样过一天，你就怎样过一生。投资好每一天的24小时，也就是在投资人生。

学会了高效管理时间，第三步就是提升自己的行动力，成为高效的行动者。

很多人之所以会焦虑，其实就是想得太多，实践得太少。书看了很多，但从来不去践行，课也听了不少，但从来不去练习。

唯有梦想值得让你焦虑，唯有行动才能解除焦虑。任何改变，最后都需要行动来实现。而真正的学习也是发生在行动之后。高效的行动是改变自己的核心力量。

很多人知道自己想要做什么，也愿意投入时间，但就是一直拖延。怎样从拖延症转变为高效行动者？

给大家介绍一个行动力公式POA，是这个公式将我从重度拖延症改变成行动达人。POA是Power of Action的缩写。这个公式其实很简单：行动力＝（P×A）/O＝（伙伴×方法）/目标。

$$\text{行动力}(\text{Power of Action}) = \frac{\text{伙伴}(\text{Partner}) \times \text{方法/手段/行动}(\text{Acceleration})}{\text{目标}(\text{Objective})}$$

你的目标越聚焦，认同你的伙伴越多，你的行动就越高效，行动力就会越强。

POA行动力公式可以帮助你走出越学越焦虑的状态。很多人就是目标太多，太不聚焦，因此行动力很弱。比如，你同时在学习写作、英语、思维导图、手绘、PPT这5项，相当于有5个目标，而我所有的业余活动都聚焦在磨炼写作这一个目标上，因此我的行动力可能是你的5倍。我经过几年出版了一本书，而你同样努力却没什么收获。这个世界只有少数人能够做到志存高远，心无旁骛，他们不妄图达成多个目标，懂得对生活中其他机会说不，最终取得了巨大的成就。

这个公式还告诉我们，迈出第一步很重要。很多时候，我们做事拖延，不是做事的过程拖延，而是拖延着不开始做事情。当你不迈出第一步时你的行动力永远是0。

正是源于POA行动力公式，我开启了每日写作之旅，至今已经有1000多天了，也因此出版了第一本书——《时间的格局》，签约的第二本书也已经完成初稿。

《时间的格局》随书附赠POA行动力公式，助力你成为高效能的行动派。也许，你与梦想之间只差一个公式的距离。

今天跟大家简要介绍书中的三个核心理念：重构思维、投资时间、高效行动。如果你想了解更多内容，可以购买《时间的格局》一书。这三个核心理念运用在职场，可以带你突围职场，快速走出职场的迷茫期；运用于生活，可以带你走出当前的困境，活出不可思议的人生。书中还有12个追梦故事，32篇干货文章，用案例引发思考，用方法指导行动，用行动改变自己的生活，成为知识焦虑时代的清醒者和高效行动者。

愿每一个阅读此书的你，都能即刻行动起来，实现自己的梦想，成为自己喜欢的样子。

好了，今天的这本《时间的格局》就为你解读到这里，如果你还想深入了解，欢迎购买我的新书。

这是×××为你解读的第××本好书，我是主播××。希望这本书对你有所启发。愿，美好生活掌握在你我手中。我们下期，再见。

我们详细拆解下这篇讲书稿。

第一，开头结尾固定话术。关于讲书稿的开头和结尾，每个平台有固定的话术。比如，这篇文章的开头话术是这样的：你好，这里是×××，我是《时间的格局：让每一分钟为未来增值》的作者弘丹。（如果你既是讲书稿的作者，也是讲书稿的朗读者，就直接说，你好，这里是×××，我是×××，今天由我来给大家解读《时间的格局》这本书）。结尾也是平台的固定话术，只要按照模板来写就可以。

第二，开头用一句话概括这本书的核心观点。《时间的格局》的核心观点是：如何管理好自己的时间，成为高效能的行动派，并走出知识焦虑。

第三，用提问的方式来破题。首先描绘了一个引人深思的现象：就是越热爱学习，反而越焦虑，陷入学习焦虑的怪圈，进而用自己的亲身经历来阐述，自己也曾经历过这样的阶段，但现在已经走出了知识焦虑。接着，提出了一个问题：如何走出知识焦虑，将所学的知识真正实践起来？由此引入这本书的主题。

第四，引入主题之后，用一段话介绍书中的核心观点。《时间的格局》从重构思维、投资时间、高效行动3个维度带领你走出学习焦虑。

第五，接着可以介绍下这本书作者的基本情况。因为这本书是我自己解读的，因此省略了介绍作者的部分。

第六，详细介绍这本书的3个核心方法。这部分内容是讲书稿的核心，要用自己的话来讲述书中的核心方法。《时间格局》的核心方法的第一步是重构思维。在这部分，详细分析了红灯思维和绿灯思维、产生红灯思维的原因，以及如何建立绿灯思维。在讲述第一步的知识点时使用了对比的方法，通过对比红灯思维和绿灯思维的不同表现形式，让读者去觉察自己是红灯思维还是绿灯思维。第二步是时间投资法，讲述了时间投资的三步法。这一部分举了我自己的例子来讲述是如何记录时间的，如何将碎片化的时间整合成整块时间，以及如何践行100小时定律。在讲述过程中，延伸到《吃掉那只青蛙》和《奇特的一生》等书籍的观点，用来丰富自己的例证。第三步是高效行动，介绍了POA行动力公式，以及如何使用POA行动力公式来提高自己的行动力。这里使用案例法及正反对比法来突出POA行动力的作用。

第七，用一段话总结讲书稿的内容，回顾这本书的核心方法。讲完3个核心的方法之后需要做一个简单回顾，再次加深读者的印象。

　　最后呼吁读者读完本书或者听完讲书稿后真正行动起来，并给予美好的希望。

　　这篇讲书稿基本遵循了刚才介绍的讲书稿写作七步法，在讲述核心要点时，采用案例法和正反对比的方式来论证。讲书稿的语言通俗易懂，读者在上下班路上听音频就能掌握核心方法。

第 **10** 章

如何收集素材

收集整理素材的能力是写作者的基本能力之一。巧妇难为无米之炊，如果没有素材，写作者是无法持续写作的。

　　生活中的经历如果不加以记录、分辨、整理，那么这些经历也并不一定会成为文章的素材。素材是指写作者在创作前从生活中积累起来尚未经过取舍、加工、提炼的原始材料，具有零散性、片段性等特点，有待于作者进一步加工。素材是文章的"血肉"，没有素材，就没有写作。

　　写文章时，只有素材足够翔实，对读者来说，才是有意义的。对作者而言，素材积累足够多，才能产生关联，触发灵感。一个有100MB素材积累和100GB素材积累的作者，写作的丰富程度是不同的。

　　本章主要讲如何收集和整理素材，以及如何搭建自己的素材库。

10.1　如何收集素材

作为一名写作者，要收集哪些素材？ 我把素材分为两类，第一类是第一手素材，如生活中的素材。第二类是间接的素材，如书籍、资料、电影、电视剧中得来的素材。

‖ 提高素材收集效率的底层心态

1.开放的心态

为什么同样的事情对其他写作者来说是素材，而你却视而不见？ 因为不同写作者的关注点是不同的。想要收集更多素材，要有开放的心态和敏感的心。打开你的关注点。真正关心身边的人，关注他们的衣食住行和想法。

比如，一直特立独行的猫写的文章《一个小地方出来的中专女生，现在一年赚一百多万啊！ 》，文章中讲的三个故事都是作者闲聊时得来的。三个故事的主人公分别是安装升降架的师傅、4S店的保安、中专毕业的农村女孩。生活中，你也会遇到这样的人，也许你根本就没想着与他们沟通。比如，家里来了安装师傅，你会主动跟他聊天、挖掘他背后的故事吗？

生活中每个人都有自己的故事，但他们不会跟每个人讲自己的故事，看你是否能够挖掘出他们的故事。

有时候可以主动与陌生人聊天。比如，我有时下班回家会搭乘地铁口的摩的。我跟载我的阿姨聊天。阿姨聊起她开摩的是下班后赚点外快。白天在医院的食堂工作，下班后在地铁口载小白领们回家，每次5块钱。她的两个孩子都在上学，大儿子在上大学，小儿子上高中。两个儿子每年的花费要五六万，她是因为经济压力大，才出来兼职拉客的。

如果你不去主动与她攀谈，她只是开摩的的阿姨，你只有真正与她交流了，她才与你发生了关联，而你也收集到了第一手素材。

平时要细心，对生活中各种各样的事物都要精微细致地观察和认识，并且主动与生活中遇到的人交流攀谈，主动去挖掘身边人的故事，这些都是第一手素材，是非常珍贵的。

2. 用吸星大法收集素材

有一个非常有趣的现象：当你自己成为孕妇，你会发现大街上突然之间多了好多孕妇。当你自己开着蓝色的跑车，突然之间路上出现好多蓝色跑车。

人会选择性关注。虽然这些事物都呈现在你的眼前，但你不一定看见。只有特地去关注时才会看到。比如，当自己成为一名孕妇，你对孕妇这个人群就会特别敏感，然后突然发现原来有那么多孕妇。其实，那些孕妇本来就存在，只是你平常不关注，也就看不到他们。就像那些素材本身就在那里，只是你的眼睛看不到。因此，收集素材时我们要扩大自己的关注点，这些素材才会进入你的视野。

我也发现一个特别有趣的现象，当我意识到要写某个主题的文章时，相关素材就会自动出现，当我在想什么话题时，也会在不同的地方找到相关讨论。

这种现象也可以称为"鸡尾酒会效应"。鸡尾酒会效应（Cocktail Party Effect）是指人的一种听力选择能力，在这种情况下，注意力集中在某一个人的谈话之中而忽略背景中其他的对话或噪声。该效应揭示了人类听觉系统中令人惊奇的能力，使我们可以在噪声中谈话。这是柯林·奇瑞于1953年第一次注意到命名的。

鸡尾酒会效应说明"对特定信息的注意力"会使我们拥有神奇的能力，哪怕在非常嘈杂的"噪声"中也能一下子挑出我们所需要"被关注的"信息。

心理学中把注意分为无意注意和有意注意。无意注意是指没有预定目的、不需要意志努力、不由自主地对一定事物产生的注意。比如，上课时，你正在认真听讲，突然教室的门被打开了，你不由自主地看了一眼，这就是无意注意。有意注意是指有目的、需要一定意志努力的注意，是人所特有的一种心理现象。

在收集素材时，要尽量发挥有意注意。让自己有意识地关注某些信息。给自己多列一些关注的领域，当在生活中出现相关的素材时，有意注意就会收集这些素材。比如，我比较关注写作技能这个领域，当有相关的素材出现时，我的有意注意就能够收集到这些素材。

生活中，有一类人涉猎非常广泛，因此能够旁征博引。有时候，正是因为他们涉猎广泛，所以各个领域的素材都能够进入他们的视野，素材多了还能融会贯通，一不小心就达到了旁征博引的程度了。

收集素材时要贪心，尽可能多地收集素材。就像吸星大法一样，把身边的素材都吸到自己的素材库里。

3. 用写一本书的方式来收集素材

用写书的方式来写文章。在本书创作过程中，大部分灵感和素材是在写书过程中产生的。我列出了提纲，相当于给大脑一个个有意识关注的点，大脑会自动搜索相关素材，竟然发现生活中随时都能找到相关的素材。

比如，我在听《冬吴相对论》的音频时，梁冬和吴伯凡在聊乔布斯的苹果禅。我突然意识到那12条有一些我在无意中使用，但是自己没有意识到。因此，我结合自己的经历将这部分内容加入到了第12章斜杠青年写作时间和精力管理部分。

即使你目前没有写书的打算也可以用这种方式。这也可以倒逼你深入研究某个领域，而不是今天写这个话题，明天写另一个话题，好像什么话题都能写，却什么话题都不够深入。

比如，"21天爱上写作训练营"中有一位学员是茶艺师，有自己的茶馆。她就可以设想，如果自己要写一本关于品茶的书，应该写哪些方面？拿出一张A4纸，把自己能够想到的要点全部写下来，然后分类重组，按照一本书目录的样子写出自己的目录。这时目录里的每个小章节都是一个习作，而且在平时生活中也会主动去寻找写作素材。

‖ 如何收集生活中的素材

生活是写作源源不断的素材库。艺术源于生活，又高于生活。

一定要从生活中获取第一手资料。写作时常陷入一个误区，花大量的时间阅读，希望用阅读提升写作能力。阅读一定程度可以提升写作能力，但我们也不能忽视生活。阅读，终究只是二手资料，不能代替一手资料的体验。体验是独一无二的，是你与他人不同的地方。阅读获得的资料很容易与他人重合。

我们常常认为自己的生活枯燥、单调、乏味，没什么可写的素材。其实，即使是生活中的小事，如果你有一双善于观察的眼睛，也能写出另一番滋味来。

以我之前的文章《不要再给我送书了，我讨厌看书》为例。这篇文章是因为一件很小的事情引发的思考而写成的文章。公司组织了生日会，有交换礼物的环节，我带了一本书去交换，被冷落，由此引发的思考。我发布了这篇文章后在简书引起了热烈的讨论，文章也被简书公众号转载。因为这个问题也许有些人遇到过，也许有些人说自己很爱书，最喜欢别人送自己书作为礼物。

生活中如何选材？困扰自己的、引发自己思考的、有趣的事情、工作中的总结和反思都可以成为写作素材。关键是思考，不单单是描述一件事，而是这件事引发了自己什么思考，或者引发了自己什么情感。思考结合情感是写作的核心。

选材切入点很重要。每个事情，可以从很多角度来写，选择什么角度来写也是一种技能。你越了解自己，越了解读者，你对于选择切入点也会更加得心应手。

很多人会说，写着写着把自己掏空了，没有写作灵感怎么办？其实，这是因为把之前积累的写作素材都写完了。你需要重新积累写作素材。

如何收集素材，我用以下3个简单的方法。

1. 灵感清单，随时记录灵感

很多人会等待灵感降临再开始写作。其实，灵感并不是多么神秘的东西。很多灵感产生于写作过程中。李笑来认为：只有创作过程中生成的灵感才是有价值的。对此，我深有同感，我写的很多文章最开始只是有一点小感悟，当你开始写时你会联想到很多，会写出之前完全没有想到的文字。

平时要做一个有心人，要关注生活，热爱生活，把观察到的、听到的、有感触的随时记下来。任何触动到自己的都可以记录。比如，有趣的事情、别人的故事、听到的笑话、自己遇到的问题、情绪的波动、看到的现象、发生的热点事件等。

我用印象笔记记录灵感，至今写了3000多条笔记。想到什么，就会先写下来。举个例子：2017年七夕节那天，我遇到一位非常有意思的朋友，回家路上一边走一边在印象笔记上记录，结果鞋底一滑，踩到了狗屎。

2. 提升观察能力，充分发挥外感官和内感官的作用

生活是写作素材最重要的来源，要从生活中获得素材，就需要提升自己的观察力和感受力。

所谓观察力，就是通过人的眼睛、耳朵、鼻子、舌头等感觉器官来获得直接经验的有意识的思维行动。人的外感官有听觉、视觉、嗅觉、味觉、触觉。内感官有痛觉、温冷觉、运动觉等。

一位朋友味觉非常灵敏，当她喝依云矿泉水时，可以感受纯净清冽，仿佛置身于阿尔卑斯雪山，因为她曾在阿尔卑斯雪山喝过那里的水，就是那种清冽的味道。当她喝斐济的水时，可以感受到南太平洋的鸟语花香，热情洋溢。我第一次感受到原来水与水之间有如此大的不同，居然有人可以分辨出不同地方水的味道。

写作要靠细节打动人，所以要充分发挥自己的感官功能，让自己的感官变得更加灵敏。比如，同样是去餐厅吃饭，作家可以写出品味美食时独特的个人感受，可以写得很细腻，让读者身临其境。如果没有敏锐的感知力，怎么让读者身临其境呢？看完一本书，只会说：这本书好棒，收获好大。出去旅行，看到风景如画，只会感叹一句：风景好美。这样的文字是空洞乏味的。

张爱玲的《道路以目》中的一段话："小饭铺常常在门口煮南瓜，味道虽不见得好，那热气腾腾的瓜气与'照眼明'的红色却予人一种'暖老温贫'的感觉。"在这一段话中，张爱玲调动了视觉、味觉、触觉、温冷觉这4种感官来观察小饭铺。

网上流传甚广的一段话："你写PPT时，阿拉斯加的鳕鱼正跃出水面，你看报表时，梅里雪山的金丝猴刚好爬上树尖。你挤进地铁时，西藏的山鹰一直盘旋云端，你在会议中吵架时，尼泊尔的背包客一起端起酒杯坐在火堆旁。有一些穿高跟鞋走不到的路，有一些喷着香水闻不到的空气，有一些在写字楼里永远遇不见的人。"这段话之所以流传甚广，而且打动了广大网友们的心，原因之一是这段文字运用了非常丰富的视觉，将画面描绘得非常动人，这就是观察力的作用。

想要提升自己的观察力，要先学会热爱生活，关注生活，探索生活，真正地扎根于生活。像杨绛先生在《我们仨》中有写到一家三口去饭馆吃饭，在等待上菜的过程中，钱钟书先生和女儿钱瑗一直在观察其他饭桌上吃客的言谈举止，并且像看戏一样很是着迷。这就是扎根于生活的样子，对生活中平常的小事，也能够像看戏一样着迷。

3. 实地调研，真实体验

"问渠那得清如许，为有源头活水来。"实地调研，扎根到生活中去，才能有源源不断的创作素材。在1942年延安文艺座谈会上，毛泽东认为，文学家、艺术家"必须长期、无条件地、全心全意地到工农兵群众中去……到唯一的最广大、最丰富的源泉中去，观察、体验、研究、分析……然后才有可能进入创作过程"。

路遥创作《平凡的世界》花了整整3年的时间搜集素材、实地调研、体验生活。他去煤矿多次和工人们一起下到千米井下现场，体验煤矿生活，由此搜集和积累了丰富的生活素材。

严歌苓写作小说前经常到实地去调研，去体验生活。写《第九个寡妇》时，她去河南农村跟农妇住窑洞，跟农妇聊天。写《妈阁是座城》时，她去澳门赌场上假装是赌徒，了解赌徒的心理。写《最美老师》时，她去5所不同的中学"卧底"，揣摩中学生说话和生活的方式。

实地调研，真实地体验生活，对于自媒体写作者来说，也是非常好的搜集素材的方式。如果你是写自己的生活或者身边人的故事，就要扎根到生活中，去真正理解你所写作群体的生活现状，以及他们的所思所想。

‖ 如何用搜索获得素材

现在的写作者有一个非常强大的武器，那就是搜索引擎。以前的作者，写文章需要素材时，需要去翻书或者翻自己的笔记寻找素材。因此，常常为了找某个素材翻阅很多书，有时候偏偏找不到那个素材。我自己就有这样的经历，写文章时想到一个故事，明明记得是在某本书里，找到书翻了很久，也没有找到那个故事，最后只好换一个案例。

还好，我们现在有搜索引擎，如果你把自己的素材都电子化，你想要找某些案例或故事时，只需要用关键词搜索，就能找到相应的案例。

举个例子，我之前看汪曾祺先生的散文，他在散文中提到沈从文先生写《边城》的故事，我就把这个故事摘抄到了我的读书笔记里。一年后，我写茨威格的《一个陌生女人的来信》的书评，我被茨威格细腻的女性心理震惊，想起沈从文先生讲过如何写人物的细腻情感，我就去我的读书笔记里用"沈从文"这个关键词搜索，很快就找到了那段话。

沈先生上创作课时，经常说的一句话是："要贴到人物来写。"他还说："要滚到里面去写。"他的意思是：笔要紧紧地靠近人物的感情、情绪，不要游离开，不要置身在人物之外。要和人物同呼吸，共哀乐，拿起笔来以后，要随时和人物生活在一起，除了人物，什么都不想，用志不分，一心一意。

首先要有一颗仁者之心，爱人物，爱这些女孩子，才能体会到她们许多飘飘忽忽的、跳动的心事。

还可以用搜索引擎寻找新的素材。比如，你在写一篇文章，但缺少案例，你可以用关键词去搜索互联网上的素材。互联网上有海量的信息，如果你有比较强的搜索能力，以及筛选信息的能力，那么整个互联网都是你的素材库。

举个例子。在我的新书《时间的格局》里有一篇文章题目是《身为女性，你是否习惯性低估自己》，在结尾时，想要引用一句名人名言，但一时又想不起来符合这个主题的名人名言。我就去互联网上搜索，用关键词"低估自己"，在搜索结果中看到俞敏洪的一句名言："人一生有两件事不能做，一是低估自己，二是低估别人。"觉得与主题特别契合，就选择了这句话作为结尾。这就是使用互联网的搜索功能来寻找素材。

平时在网上浏览信息，或者阅读文章时，要有意识地收集素材。互联网上的素材收集起来也很快，复制、粘贴，分类三个步骤就可以了。

10.2 如何整理素材

收集到的素材不加整理，并不能成为写作的题材。整理素材是非常关键的一步，每周固定抽出1小时的时间整理素材，将素材分门别类。如何整理素材可以参考大作家李敖整理素材的方法。

李敖曾在一期电视节目中公布自己过目不忘的原因："我李敖看的书很少会忘掉，什么原因呢？方法好。什么方法？心狠手辣。"

下面简单介绍李敖整理素材的方法。

1. 剪裁

把有用的素材剪下来。李敖一般同样的书买两本，这样正、反面的内容都可以剪裁。很多人舍不得剪纸质书，所以李敖称自己的读书方法是"心狠手辣"。他看完一本书，这本书也被他分尸掉了。

2. 分类

把剪下来的素材分门别类放到相应的资料夹里。分类怎么分？李敖说他有很多自己做的夹子，夹子写上字，把资料全部分类。剪下来的素材全部进入他的夹子里。

他的分类非常细致，可以分出几千个类别。按照图书馆的分类，哲学类、宗教类等；宗教类再分佛教类、道教类、天主教类。李敖分得更细，天主教还细分为神父类，神父还可以细分，神父同性恋是一类，神父还俗又是一类，修女同性恋是一类，修女还俗又是一类。

分类分得细，找资料的时候就可以更加快速地找到有针对性的素材。分类是门大学问，篇幅有限，就不详细介绍了。

3. 记忆标题

分类好的素材如果全部背诵，工作量是非常大的，李敖的方法是记忆标题。标题是按照他的习惯来分的，基本上都翻译成英文，这样方便按照英文字母排列，也有少数标题是用中文写的。

这就是李敖整理素材的方法。整理好素材有什么用呢？李敖曾说，当他要写小说的时候，需要这个资料，打开资料，只是写一下就好了。或者发生了一个什么事件，跟修女同性恋有关系，他要发表对新闻的感想，把新闻拿过来，再把他的资料打开，两个一合并，文章立刻就写出来了。当你的素材丰富到这种程度时，写文章的速度也是非常快的。

现在是电子化时代，我们不一定要把一本书剪裁了，但李敖整理素材的方法还是非常实用的。

- 要把一本书或一篇文章大卸八块。这个大卸八块不一定要把纸质书剪裁掉，而是将一本书或一篇文章肢解，提取有用的素材。现在很多书都有电子版，电子版里的文字大多是可以复制的，如果你需要收集某个例子，直接复制粘贴就可以。

- 精准的分类。虽然电子化的素材有搜索功能，但如果能够精准分类，则更容易记忆。分类的方式可以参考图书馆的分类方式，或者列出自己感兴趣的领域，把素材分类到自己感兴趣的领域中。

- 记住标题。不要以为电子化时代就不需要记忆。如果你不记忆，连自己的素材库里放了什么素材都不清楚，写文章的时候自然也想不起来。即使是电子化的素材库，可以检索，依然是需要记忆的。写作是一个融会贯通的过程。如果不记忆，素材之间是很难产生关联的，也就无法做到融会贯通。

等写文章时，需要某个素材，打开素材库（或者搜索）找到素材，拿来用就可以。写一些时评文章，发生的事件结合自己素材库里的例子，一篇文章就写好了。

收集和整理素材是一项需要长期坚持的事，你收集的素材越丰富，相当于你拥有更多的写作宝藏，写文章时就能更加得心应手，也能够有源源不断的写作素材。

10.3　如何搭建自己的素材库

光靠记忆是不够的，因为有时候记忆非常不可靠。比如，我们看了一篇文章，依稀记得这篇文章里的例子。当下次自己写文章，想要引用这篇文章的例子时，却发现自己怎么也想不起来是哪篇文章的例子，在哪里看到的。往往费了半天工夫，还是找不到那个例子。因此，建立自己的素材库是非常重要的。素材库相当于大脑的外延，需要什么素材，可以随时从素材库里搜索获取。

‖ 计算机中搭建素材库

我的素材基本上都是电子化的，现在很少像中学时那样用笔记本做摘抄了。每个人都可以在计算机中搭建一个个人图书馆或者素材库。我有个文件夹命名为"My Personal Library"（我的个人图书馆），就是我的素材库，一般电子书、写作的文章、收集的素材都放在这个文件夹里，搜索素材时直接在这个文件夹下搜索就可以。

我的素材库分为以下5个类别，每个类别收集不一样的素材。

1. 生活故事素材库，收集生活中的故事

我们首先要收集的是第一手素材，也就是现实生活中的素材。有些故事、有些素材不一定立马就能用上，可以先记录下来，然后分类，等以后写文章的时候就能迅速

调取，而不是等写文章了才开始搜肠刮肚地寻找素材。

生活中遇到了什么人，听他讲了什么故事，晚上回到家或者第二天早晨就把大致的故事内容记录下来。这些是第一手资料，是最宝贵的素材，也是独一无二的素材库。

2. 书影剧素材库

我会把书籍、电影、电视剧的素材都放在一个素材库里。每看完一本书，我会摘抄书中的故事、优美的句子、名人名言等，看完一本书也会写读后感。我把所有的读书笔记都放在一个文档里，作为我读书笔记的素材库。在写作过程中，如果联想到某本书的故事，我会直接去这个读书笔记文档里搜索。看完电影后我会写影评，同样也会放在这个素材库里。

3. 金句素材库

一篇文章总需要有几个金句，或者是引用名人名言，或者是电影的经典台词等。因此，平时也要刻意扩充金句素材库。

金句素材库一般包括以下几类。

（1）电影的经典台词。看完一部电影，就搜索下这部电影的经典台词或者剧本。比如，看完《肖申克的救赎》，你可以在网上搜索经典的台词。

It takes a strong man to save himself, and a great man to save another. （坚强的人只能救赎自己，伟大的人才能拯救他人。）

Hope is a good thing, maybe the best of things, and no good thing ever dies. （希望是美好的，也许是人间至善，而美好的事物永不消逝。）

Some birds aren't meant to be caged, that's all. Their feathers are just too bright... （有的鸟是不会被关住的，因为它们的羽毛太美丽了！）

I guess it comes down to a simple choice. get busy living or get busy dying. （生命可以归结为一种简单的选择：要么忙于生存，要么赶着去死。）

（2）书籍中的好句子摘录。一本书中总会有一些金句。比如，我自己的书《时间的格局》里的一些金句：唯有梦想，才配让你焦虑；唯有行动，才能解除你的焦虑。通往梦想的道路上，是一场场没有硝烟的硬仗。每一次拼尽全力，都会让你离自己的梦想更近一步。看到喜欢的句子，就可以摘录到金句素材库里。

刻意收集名人名言或金句。句子迷收录成千上万个句子，有影视剧经典台词、书籍的金句、经典语录、名人名言、美句佳句等。看到喜欢的句子就可以搬运到自己的金句素材库里。

平时阅读文章时，看到好句子也可以随时摘录下来。比如，阅读微信时，看到一些好句子可以复制下来，发给自己的微信号，然后晚上有时间统一整理。

4. 创作文章素材库

我写的文章都放在同一个文件夹下面，每年的文章放在同一个文档里。有时候引用自己以前写过文章的内容，就直接在这个文档里搜索就行。

5. 网络素材库

整理从网络上搜集的素材，如微信里收藏的文章、浏览网页时读到的文章等。我一般用印象笔记收藏全文的文章，然后在周末的时候整理这些素材，筛选、剪裁、复制到第三个素材库。

‖ 如何在印象笔记搭建素材库

我喜欢用印象笔记来收集网络上的素材。安装印象笔记插件之后，可以使用剪裁功能，在浏览网页时，看到比较好的文章可以直接剪裁下来保存在印象笔记中，而不需要复制粘贴。在微信中看到好的文章可以直接收藏到印象笔记的素材库中。

接下来我简单介绍下如何使用印象笔记搭建素材库。

印象笔记有PC版和App版，下载两个版本的软件分别安装在计算机和手机里。印象笔记有同步功能，PC端和App端的文件是可以同步的。

1. 使用PC端的印象笔记来收集素材

印象笔记的剪藏插件可以很方便地保存完整网页到印象笔记中，只需要在浏览器中安装好插件。支持印象笔记的浏览器包括Chrome、IE、Firefox、Safari、QQ、猎豹、360浏览器等。在印象笔记的官网下载剪藏插件，然后按照提示安装。

在阅读文章时看到好的文章，你可以单击浏览器中的印象笔记剪藏插件，选择要保存的内容，如网页正文、隐藏广告、整个页面、网址或屏幕截图，然后选择你想要保存的文件夹，还可以添加标签来标记这篇文章。如果文章与写作有关，在标签里可以填写"写作"。你还可以增加注释来更加详细地标识。

2. 使用App版的印象笔记来收集素材

下载"印象笔记"App，如果你没有账户，可以注册一个，如果有，可以直接登录。打开微信，单击主界面右上角的"添加朋友"。搜索"我的印象笔记"，关注公众号"我的印象笔记"，你会收到一条绑定印象笔记的消息。单击相应的链接，绑定印象笔记账户。你也可以在"我的印象笔记"公众号的"更多功能"里找到"绑定个人账户"，按照提示绑定印象笔记账户。遇到喜欢的文章，单击右上角的"…"按钮，选择"我的印象笔记"，消息就会保存到印象笔记中。

印象笔记可以作为素材的中转站，在手机端浏览的微信文章和PC端浏览的网页都可以先保存到印象笔记中。每周定时整理印象笔记中的素材。采用整理素材的三步法：剪裁、分类和记忆标题，将印象笔记中的素材整理到计算机的5个素材库中。如果不定期整理，这些文字就像大部分人微信里收藏的文章一样，从来不看，收藏也就没有任何意义。

第 11 章

如何丰富词汇

写作过程中，我们遇到的最头疼的事情就是找不到精准的词来表达自己的思想。也许你的思想很生动，但词汇量有限，表达出来时却显得贫瘠。或者你的故事惊心动魄，却因为词汇的局限而显得很枯燥。

　　本章主要讲词汇的使用技巧、如何积累词汇，以及如何建立自己的词汇库。

11.1 词汇的重要性

词汇是语言的基本单位，也是人类沟通与交流的基石。词汇甚至会局限我们的思考力。在写作过程中，我们想尽量精准地表达自己的思想，就需要寻找精准的词汇。你的词汇量越大，在表达思想时就能更加丰富，写出来的文章也就更加生动。

‖ 词汇会局限你的思考

词汇是我们理解一篇文章的基石。如果不认识句子中的某个词汇，理解整个句子也就会有难度。小学时我们认识的词汇有限，因此阅读像四大名著这样的经典书籍就会存在看不懂的问题。

丰富我们的词汇量不仅可以提升写作能力，还能反过来提升我们的思考能力。

芝加哥大学Dana Suskind博士在《Thirty Million Words: Building A Child's Brain》一书中提到，到4岁时，穷人家的孩子平均比中产阶级家庭的孩子少听到3000万个单词。这会影响到孩子早期的阅读能力，甚至上学后的学业表现、社交及之后的收入差异。需要说明的是，这本书中的3000万个单词不是指3000万个不同的单词，是指单词的数量，而且是英文单词。

这个调查说明，富人的词汇量比穷人的词汇量大。词汇量大不仅会影响你的写作能力，也会影响你的思考能力。"听写大会"总导演有类似的观点：词汇丰富度影响民族思考能力。他说："母语可以更丰富，可以特别美，语句也可以更加细致和宽泛。母语词汇的丰富度关系到母语的价值，影响到一个民族的思考能力。"

‖ 词汇变得越来越贫乏

我们的语言正变得越来越贫乏。当下雪时，我们只会说：雪下得好大，好美。古人会说："白雪纷纷何所似""未若柳絮因风起"。当看到一群鸟飞起，我们会说：哇，好多鸟。古人会说："落霞与孤鹜齐飞，秋水共长天一色。"对比之下，我们现代人使用的语言几乎没有美感。

语言的简洁，其实反映了我们生活方式的简化。常年在都市生活的人们，已经很难感受自然界的变化了。

每年网络上都会出现一些流行用语。比如，一时间"Low"可以代替任何你不屑的东西。你好Low，这东西太Low了。你回想一下，在Low还没有流行时，你用什么词语来表达相同的意思，你却想不起来了。

当一个网络用语出现时，大部分公众号都会跟风，你会发现某个词在你朋友圈刷屏了。比如，"怼"这个字大部分人都不认识，但成为流行用语之后，一时间所有人都认识了这个字，并且频繁使用这个字。

网络流行用语的生命力是非常短暂的。比如，曾经很流行的"Duang，Duang"，现在几乎没有人这样说了。

写文章时，使用网络用语可以让你的文章更接地气，但过分使用网络用语，会让你的文章寿命变短。

11.2 你不缺词汇，缺的是使用词汇的技巧

我们说到词汇时，会想到"遣词造句"这个词。"遣词"这个词很形象，使用某个词汇时，就如同调兵遣将的过程。你要有足够多的士兵可以挑选，这就需要词汇的积

累；你要将合适的士兵放到合适的职位，这就需要辨别不同词汇的意思，根据语境使用最合适的词语。

‖ 使用精确的词汇

写作的时候尽量使用精确的词语。比如，不要用笼统的词语"汽车"，而要用精确的"玛莎拉蒂"；不要只写"水果"，而要精确到"橘子""香蕉"等具体的水果名称。

名词的积累从辨别身边的事物开始。用具体的名词来称呼，而不是用模糊的词语来称呼。比如，在公园里看到美丽的花，指出花的名字，用鸢尾花、夹竹桃等具体的名字来代替花。

如果你是一位兴趣广泛的人，你的词汇量也会增加。比如，你喜欢跑步，那么你就能积累跑步领域的专业名词。如果你喜欢古董，那么你会比别人更了解古诗词、古董名词等。比如，一位同事很喜欢参观博物馆，她知道"秘色釉""虢国夫人游春图"等，而这些名词，我是听了她的讲述之后才知道的。这些名词都是她平常的积累。

生活的丰富程度也会影响你的词汇量。比如，你是一位吃货，你就会知道更多食材和菜名。比如，有一次，朋友讲到"花胶"这个词，刚开始我以为是"花椒"。细问之后才知道"胶"是"胶水"的胶。像我这样没有吃过花胶的人，就不知道"花胶"这个东西的存在。

因此，如果想要积累更多的词汇，从长远来看，就要丰富你的生活。要跨界，多去了解不同的领域。你每进入一个领域，就会积累这个领域的专业名词。

当然，在写作过程中，如果你不记得具体的名字，可以先用笼统的词汇代替，比如，你不记得树的名字，不要停笔，就写"树"。写完之后再去查询，也许你会查出来那是一棵"樱花树"。

‖ 使用具象的词汇

5月的某个周末，我和先生去合肥的表姐家。表姐3岁的儿子正在辨认颜色，他告诉我，这是湖水蓝，那是西瓜红，这是青草绿，那是香蕉黄……

作为成年人，我们在讲颜色时，常常只是用蓝色、红色、绿色、黄色等笼统的词汇。这些笼统的词汇在湖水蓝、西瓜红、青草绿和香蕉黄面前如此苍白。

写作时，多使用具象的词汇。这跟我们大脑的记忆方式有关。大脑记忆最常用的一种方式是记忆官殿法。需要用具象的、熟知的事物来记忆抽象的、陌生的事物。使用具象的词汇，你的文章会更生动。

举个例子，我们非常熟悉的一首诗：枯藤老树昏鸦，小桥流水人家，古道西风瘦马。夕阳西下，断肠人在天涯。

这首诗非常形象，画面感很强，没有叙述，没有评论，用了11个名词来描绘一幅画面。这是中国古诗的传统，也就是"诗中有画，画中有诗"，用诗词勾勒出一幅静物画。

‖ 近义词替换法

写作时，只能想到一个很普通的词，可以用近义词替换的方法。比如，你描述烟花，只能想到美丽的烟花。然后，你可以去百度上搜索美丽的近义词。不断替换之后，你会发现用绚烂的烟花最符合烟花绽放时的那种感觉。

用"缺"的方法。在一本书中看到作者使用的一种方法。有段时间，他键盘上的"J"键坏了，无法使用"J"键，在聊天或写文章时，只能用其他词来代替。比如，他用五笔输入法，本来想使用"明显"这个词，但没有"J"键无法输入，再想到"明摆着"，"显然"等词都不行，最后他想到了用"浅露"来代替。

用"抠掉"的思想来使用词汇。写作时，最忌讳的就是陈词滥调，你写出来的文字跟其他人写出来的文字大抵是相同的，动不动就是成语和俗语。

写作的过程要"抠掉"用俗用滥的字与词，逼自己换一种方式去思考、去落笔。你也可以采用刚才说的抠掉键盘上一个字母的方式来刻意练习。

‖ 使用词汇的注意事项

在使用词汇时，我们要注意以下3点。

1. 不要生造词语

在写作时，不要自己生造词语。生造的词语一般不规范，有歧义，读者不理解词语的正确意思。前文有讲到词汇是语言的基本单位，如果你自己生造了一个词，但是读者都看不懂是什么意思，就是阻碍读者正确理解你所要表达的意思。每个词有约定俗成的含义，组词成句要遵守语法的规则，这样的词语大多数人是理解的。如果自己生造一个词，结果只有自己明白是什么意思，读者都不懂，是不利于文章传播的。因此，我们要多积累词汇，正确使用词语，而不是生造一个读者不认识的词语。

2. 正确理解词语的意思

另一点需要注意的是正确理解词语的意思，正确使用词汇。小学的时候，语文考试有修改病句的题目，其中一些病句是错误地使用了词语，引起歧义。这样的病句在有些文章中经常可以见到。举个例子。某个晚上，我参加一个演讲俱乐部，演讲俱乐部的今日一词是"白云苍狗"，在演讲中要使用这个词汇。有些演讲者不知道这个词的意思，在演讲时生硬地运用在句子里，闹了不少笑话。要正确使用一个词语，首先要正确理解这个词的含义。

3. 除了特殊场合需要，尽量少用方言

使用方言可以让文章增加乡土气息，但是使用方言会增加理解的难度。如果读者不了解你所使用的方言，他就看不懂你要表达的意思。我的家乡是浙江，我们的

方言除了小范围的当地人能听懂之外，其他人都很难听懂，如果我在写文章时用这样的句子："家里有没有天罗？"如果读者不知道天罗是丝瓜的意思，肯定看不懂我在讲什么。

在文章中使用方言的情况已经越来越少了，因为大部分人都说普通话，对方言的了解也没有那么深，所以写文章的时候也很少用方言来表达。

11.3 如何积累词汇

如何积累词汇？可以从以下5个方面进行。

1. 精读一流的文学作品

文学作品中有丰富的词汇，在精读文学作品时，把看到的新词汇摘抄出来，记录到自己的词汇库里，并且把例句也摘抄出来，这样就知道如何使用这个句子。

2. 善用词典积累词汇

记得小时候我有一本成语词典，当时会专门背诵成语。在学习英语时，我们遇到不认识的词，也会查字典，会背诵单词。但对于母语的学习，我们很少查字典、背诵词语。利用词典积累词汇依然是一个很好的方法，而且可以用查阅词典的方式了解一个词的正确含义。比如，你可以查阅《新华字典》《说文解字》《成语词典》等。遇到不认识的新词就查阅，并把新词记录到词汇库中。

3. 从日常生活中积累词汇

要学会吸收生活中鲜活的语言，要学会倾听和记录。在日常生活中，听过一些新的词也可以收录到自己的词汇库里。比如，我上次参加演讲俱乐部，听到"白云苍狗"这个词，我记下来查阅这个词的含义，然后用这个词造句。有一次，我跟朋友聊天，她说到"狷介"这个词，这对于我是一个新词，我就把这个词记录下来放到了我的词汇库里。这些都是从生活中积累词汇的例子。

4. 利用网络积累词汇

网络非常便捷，我们在网上看文章或资料时，看到新的词汇也可以随时摘录，增加到词汇库里。比如，我在查阅"功不唐捐"时看到了"日拱一卒"这个成语，我就可以把这个成语收录到我的词汇库里。

5. 每日一词

除了遇到生词时主动摘录，我们还可以采用主动学习新词的方法。比如，每日一词的方法。每天学习一个新的词汇，用这个词汇造句，或者要求自己在文章中使用这个词。比如，今天的每日一词是"功不唐捐"。你可以在词汇库里记录这个词的意思：佛家语，指世界上的所有功德与努力都是不会白白付出的，必然是有回报的。然后你用这个词语造句：功不唐捐，你的努力终将得到回报。

11.4　如何建立自己的词汇库

在平常阅读文章时要刻意积累词汇，建立自己的词汇库，把积累的词汇放到自己的词汇库中，定期复习和背诵。

‖ 建立自己的词汇库

建立自己的词汇库，可以使用电子化的方式，也可以使用笔记本摘抄的方式。遇到新的词汇，将其收录到自己的词汇库里并造句，想象使用场景。

使用电子化方式来建立词汇库。比如，你可以用Excel的方式来收录词汇。

你也可以使用笔记本来摘抄，就像小时候抄写英文单词一样。写下这个词语，释义，然后再造句。

积累词汇，要经常复习，就像孔子说的"温故而知新"，经常拿出来背诵，长此以往，词汇量就能有一定的提升。

‖ 背诵

当我们在说积累词汇时，首先想到的是英语。在学习英语时，我们会想到背诵单词。但是学习汉语，除了小学的时候背诵一下课文，后来几乎很少背诵了。我们花在背诵英文单词上的时间远远比学习语文的时间要多。

学习语文，也是要背诵的。

经济学家张五常先生在《吾意独怜才》一书中提到，中文必须要背诵。中文是单音节词砌成的，通过背诵了解如何组词，模仿高手是如何遣词造句的。他觉得背诵古文应该摇头晃脑。

古文有很强的节奏感，朗读和背诵时也要有节奏感。他认为小孩子应该多背诵经典的古文。即使读不懂也没有关系，先背下来，等长大了，自然会理解。在小时候记忆力最佳时期，应该多多背诵。

背诵什么？背诵古汉语：《千字文》《声律启蒙》。背诵优秀的文章、金句。最简单、有效的方法往往就是这些"笨"方法。中学时老师教我们的写作方法：阅读、摘抄、背诵、仿写，这些都是非常有效的。

一些名家的写作经验之一就是模仿，先阅读名家作品，然后学会分析文章结构，再摘抄金句、背诵，变成自己的积累。金句如果不背诵，写作时就无法灵活运用。

阅读、摘抄、背诵就像是在往银行账户存钱，写作时就像是取钱，如果平时不积累，取钱的时候才发现账户没钱，就会明白自己的词汇是多么匮乏了。

第 12 章

斜杠青年的写作习惯养成记

写作是一件需要日积月累的事情，想要持续地写下去，最好的方式就是养成每日写作的习惯。养成习惯之后就不需要意志力的坚持，自然而然就能写作。

　　很多人认为，写作要靠灵感，因此养成写作的习惯是不现实的。实际上，一流的作家大多有良好的写作习惯和规律的作息。比如，《肖申克的救赎》一书的作者斯蒂芬·金是一位高产作家，他每天要求自己写2000字，不写完就不准出书房。怎样养成每日写作的习惯？这就是本章要探讨的内容。

12.1 培养习惯的3个阶段

亚里士多德曾说：人是被习惯所塑造的，优异的成绩来自于良好的习惯，而非一时的行动。我们的日常行为大部分是由我们的习惯决定的。心理学家说，人类有95%的行动是在无意识中进行的，而大部分的无意识行动都是通过习惯产生的。

想要改变自己的人生，不是下一个决定就能达到的，需要每日的精进，日复一日地练习和持续的行动力。一个人的意志力终究是有限的，长期持续的行动一般靠的都不是意志力，而是习惯使然。

很多人开始做一件事，不久又放弃，周而复始，过了几年，什么改变也没有发生。而有些人养成了良好的习惯，几年如一日地保持着良好的习惯。这个习惯所产生的效果会通过"复利"的积累产生惊人的结果。

一直特立独行的猫，在23岁到30岁的时间里，一直在坚持做一件事，那就是下班后写作。她目前已经出版《从北京到台湾，这么近那么远》《挺住，意味着一切》《不要让未来的你讨厌现在的自己》《当你的才华还撑不起你的梦想时》等书。这就是坚持一个习惯带来的"指数级"收获。

多久可以养成一个新习惯？有一种说法是21天养成习惯，《坚持，一种可以养成的习惯》一书的作者古川武士认为，培养新习惯所需时间的长短依照想培养的习惯的种类而定。习惯不同，习惯引力作用的强度也不一样。作者将习惯分为3类：行为习惯、身体习惯、思考习惯。养成这3种类型的习惯分别需要1个月、3个月、6个月。

阅读、写日记、整理、记账等属于行为习惯，只需要1个月；减肥、运动、早起等属于身体习惯，需要3个月；逻辑思考能力、创意能力、正面思考等属于思考习惯，需要6个月。行为习惯是最容易养成的，而思维习惯是最难的。但培养一个新思维习惯的威力也是最大的。如果你培养了《高效能人士的7个习惯》中的7个思维习惯，那么对你的一生都会产生巨大影响。

不管需要多久养成一个习惯，古川武士将习惯养成的过程分为3个阶段：反抗期、不稳定期和倦怠期。

‖ 反抗期：在暴风雨中前行

培养习惯最初的1 ~ 7天，称为反抗期。根据古川武士对150位客户的统计，42%的人会在反抗期失败。也就是说，很多人在最初的7天内习惯养成计划就失败了。

为了度过反抗期，在培养习惯时要注意以下几点。

1. 想清楚为什么要做这件事

很多人开始行动只不过是跟风或者人云亦云，看到别人都在做，所以我也要做。但他不知道别人为什么要做这件事，也不去思考自己为什么要做这件事。因此，新鲜劲过去之后也就没有动力做下去了。

只有想清楚自己为什么要做这件事，在做事情的过程中才能克服困难。比如，我坚持每日写作的习惯，初衷很简单：写我的所思所想。这个简单的初衷是我持续1000多天的力量源泉。

2. 一次只培养一个习惯

我们培养习惯的时候往往会失败，原因之一是因为我们太贪心，想要同时培养好几个习惯。比如，很多人既报名了水彩画的训练营学习水彩，又报名了写作训练营学习写作，还报名了思维导图的课程学习思维导图。结果是顾此失彼，什么也没有学好，什么习惯也没有养成。因此，在培养习惯的过程中，一次只培养一个习惯。等新习惯真正培养成功了，再开始培养下一个新习惯。

富兰克林在培养他的13条戒律时也是一次只培养一个。一项习惯养成之后，再实践另一项，直到把13项都实践完毕。

3. 行动规则越简单越好

当我们设定一个习惯时，往往会设定很多规则。以学英语为例，我们要求自己每天朗读英文20分钟，背诵单词50个，晚上花1小时学习语法，每天用英语流利说练习口语30分钟等。这么多复杂的规则本身就很难做到，更不用说长期持续做了。复杂的规则很容易失败，简单的规则容易坚持。在培养习惯时，先设定一个行动规则，等养成了习惯，再培养下一个行动规则。比如，要培养跑步的习惯，你的行动规则可以设定为，穿上跑鞋，下楼。这个行动规则很容易实现，因此每日行动起来就不会有太大压力。

一开始不要太在意结果。很多时候，我们往往刚开始做一件事，就期待很好的结果。比如，刚开始写了几篇文章，就希望自己的文章能够通过简书首页投稿，阅读量破万。当看到自己写的文章寥寥无几的阅读量时就会心灰意冷，再也不想写作了，而养成每日写作的习惯也就因此中断了。

每一项技能都是需要经过一段时间的练习的，写作也不例外。谁都经历过写得不好到写得好的过程。一开始，我们不要太在意结果，不要被"数字绑架"，先关注持续的行动，而不要过分关注外界的反应或者评价。

为了更好地度过反抗期，有两个非常简单的行动方案。

第一，以婴儿学步开始。

当我们下定决心培养一个习惯时，往往会给自己制定过高的目标。目标过高，往往容易放弃。就拿写作来说吧，很多人刚开始写，就想写出好文章，给自己的目标是每天写一篇阅读量1w的文章。因为这个目标很难实现，因此没过几天就放弃了。

用"婴儿学步"的方式，就是像小宝宝学走路那样，从小地方开始行动。比如，一开始写作，目标可以设定为每天写500字或者每天写15分钟。先从第一步开始，等养成习惯了，再增加难度。

很多时候，我们会陷入"完美主义的陷阱"，因此无法迈出第一步，宁愿一直拖延。比如，我写这本书的过程也是如此。一开始，我简直无法动笔写作。我心里想着应该要动笔写起来了，但行为上却一会看看八卦新闻，一会看看电影，再做做各种琐碎的事情，就是不愿意打开文档写文章。这样过了好几天，我终于意识到，我之所以拖延是因为设定了神级目标。我的目标是写一本十万字的书，心里觉得太难了，反而不敢行动了。我想起了"婴儿学步"的方式，调整了目标：每天写1000字，这对于我来说并不难。如此，我才有了勇气每天写一点，持续不断，写完了这本书。

当你觉得无法行动时，就把目标调整为"婴儿学步"的方式。比如，你想要"把房间整理干净"，但一直无法动手，就可以把目标调整为"整理15分钟"，这样就能够动手做起来。比如，跑步时，把目标从"每天跑步1小时"调整为"每天慢跑15分钟"，就容易实现。当你开始做起来，就会给自己增加信心，也能够有动力持续做下去。只要踏出一小步，身体就会充满干劲，动力也会持续不断地产生。

设定"婴儿学步"时可以参照以下两种方式。

方法一：细分"时间"。比如，15分钟阅读，10分钟写日记，15分钟跑步等。

方法二：细分"步骤"。比如，只读一页书，只写一行日记，走路而非跑马拉松。

另外，要简单记录。就像管理时间的第一步是记录自己的时间消费情况一样，习惯养成时也可以用简单记录的方式见证自己的行动。通过记录可以清晰了解每日执行情况。如果不记录，有时候自己也不知道到底有没有完成当日的任务，并且持续记录可以量化行动，从而产生自信，提高行动力。

记录可以采取简单的打钩、打叉的方式。比如，你要求自己每日写500字，写完之后就在纸上打钩。看着纸上满满的勾，也就更有行动力了。

‖ 不稳定期：建立持续行动的机制

用"婴儿学步"的方式，你度过了反抗期，进入了不稳定期。第一阶段的行动难度很低，比实际想培养的行为习惯简单得多，进入不稳定期后，就要把难度提升到自己本来要求的程度。同时，生活中又会经常发生一些突发情况，如突然加班、朋友聚会等，这个时候新习惯还是很脆弱的，也容易受到外界环境的影响，失败率也是很高的。

如何度过不稳定期？对策有3个：行为模式化、设定例外规则、设定持续开关。

1. 行为模式化

你可以将习惯模式化，在固定的时间、固定的地点规定具体的数量和方法。以每日写作为例，采用固定的模式。在固定时间，6点到8点之间写作；固定地点，在小卧室的书桌前写作，没有人打扰；固定字数，每天写1000字。采用固定化的方式就不容易忘记，也容易培养节奏感。

2. 设定例外规则

有时候，生活中总是会出现一些意外，每天执行目标还是有些困难的。但是，没有完成目标，心里又会有负疚感。这时可以设定一些例外规则。以写作为例，如果晚上有聚会，就可以把写作任务放在早晨来完成。例外规则可以让计划保持弹性。

3. 设定持续开关

有位朋友说，你完成不了自己的目标要么是对自己不够好，要么是对自己不够狠。根据心理学的说法，积极行动的动力来源分为"产生快感"和"回避痛苦"两种，在培养习惯的过程中，你可以采用一些方法来奖励自己或者惩罚自己，达到持续行动的目的。

如果你是利用奖励或者快感推动自己的行动，那么可以参考以下几种方式帮助自己养成好习惯。当你想要培养一个新习惯时，可以奖励自己，设计一些游戏来提升自己的热情。

- 通过奖励的力量突破眼前的困难。比如，每天写作500字，持续21天，给自己买一条漂亮的裙子。

- 塑造被称赞的气氛以提升干劲。比如，每天写完文章，发布在朋友圈，通过朋友们的点赞，让自己更有行动力。

- 设定理想目标，让现在的自己更进步。比如，买一本最喜欢的作家的书来鼓励自己，有一天，也要像他那样出版自己的书。

- 通过举行小小的仪式，驱除怠惰的心情。比如，我在早晨写作之前，都会先喝一杯蜂蜜水，作为开启写作的仪式。每天固定的仪式，做完仪式，大脑就自动进入行动模式。

- 去除障碍，减轻压力。比如，想要写作，就断网。想要学习，就把电视机的遥控器藏起来。把那些影响你行动的障碍清除掉。

如果你是利用处罚或者危机感推动自己行动的，那么可以参考以下几种方式，帮助自己养成好习惯。

- 损益计算。投资，制造失败就会亏损的状况。我有一些朋友为了让自己每日更新文章，组建了日更群，每个人交300块钱押金，只要没有完成任务，这300块钱就充公了。结果表明这种方式很有效。如果效果不明显，可以提升金额，比如，押1000块钱，有了肉疼的感觉，就会有动力逼自己一把。

- 结交相同习惯的朋友，不允许自己安逸。现在互联网上有各种训练营，你可以根据自己的目标选择合适的训练营。想要写作，可以来参加我组织的21天爱上写作训练营，和一群志同道合的小伙伴一起写作，看到别人每日写作，你也不好意思偷懒。

- 对大众宣布，造成没有退路的状态。比如，你要写10万字的小说，你可以在朋友圈里宣布写作目标，并且群发给朋友，请他们监督。对于好面子的人来说，这个方法还是很有效的。

● 利用处罚游戏击退借口。比如，一天没有完成写作1000字的目标，就处罚自己捐献50元到公益项目。

● 设定目标，引发达到目标的欲望。比如，每天写1000字，就把这个目标贴在墙上。每月阅读10本书，也把这个目标贴在墙上。通过目标，激励自己努力。

● 强制力。通过与他人约定，制造严苛的环境、时间限制等，逼迫自己进入"不得不做"的状况。写这本书，因为与出版社签订了合同，约定了交稿时间。即使想要偷懒，想要拖延，想到交稿的日子一天天逼近，也不得不奋起而行动。

设定行动开关要根据自己的喜好来设定。如果你是一位外向的人，那么当众宣布的方式可能会促进你的行动力，而对有些人来说，当众宣布会带来很大压力，反而阻碍了行动力。同样的方式对不同的人效果是不同的，因此要创造符合自己的奖励或者惩罚方式。

‖ 倦怠期：习惯引力最后的反抗

习惯坚持一段时间之后，就容易陷入倦怠期。这个时候，可以给自己的习惯增加一些新规则，或者换个环境、换个心情。一些小的变化可以产生持续的动力。你也可以尝试新的挑战，拟定长期的习惯计划清单。

以我自己为例，写作6个月后我也出现倦怠期，后来我发起了写作训练营，跟一群志同道合的人一起写。我作为发起者，肯定不好意思偷懒，所以又有了写作动力。每次开始新的一期活动就会给自己注入新的活力，持续地写下去。我是在1000多位小伙伴的陪伴下持续写作的。你也可以开始培养一个新的目标。如果每天写1000字对你来说很简单，你可以增加一个新目标，每日阅读30分钟，搭配每日写作1000字。如果你已经养成了跑步的习惯，你可以在跑步时听英语音频。通过增加一些新变化，让自己度过倦怠期。

运用正确的方法，养成一个习惯，一点都不难。坚持一个好习惯，也不像你想象中那么难，要把好习惯变成像刷牙一样轻松的事情。培养一批好习惯，利用"复利"的累积效果，说不定你的生活会因为一个小小的习惯而改变。

‖ 培养一个抓手习惯

有时候，不同习惯之间并不是孤立的。虽然目标是培养一个习惯，却顺带养成了好几个习惯。因此，我们在培养习惯时，要去寻找那些抓手习惯，抓手习惯这个词是我原创的，通过抓住一个习惯来带动其他各种习惯。

在培养习惯时，我们常常会孤立地设定不同的习惯。比如，每日早起、看书半小时、写作半小时、写晨间日记半小时、自己在家做早餐、健身半小时等。用刚才介绍的习惯培养的方法，每个行为都至少需要一个月的时间才能养成习惯，而一天做这么多习惯，时间也不够用。

如果能够只培养一个习惯，顺带也养成几个其他习惯，岂不是一举多得的事情。还是以每日写作的习惯为例。我只养成了每日写作的习惯，当我养成这个习惯时，我顺带养成了以下几个习惯。

- 早睡早起。我每天清晨写作，自然就会早起。想要早起，自然需要早睡。我目前的生物钟是晚上11点之前入睡，早晨6点左右自然醒。因此，我养成早睡早起的习惯是不费吹灰之力的。而很多人挣扎了很多次，都没有养成早睡早起的习惯。

- 每日阅读30分钟以上。每日阅读也是很多人想要养成的习惯。开始每日写作之后，我发现自己的阅读量不知不觉中有了很大提升，从每年阅读20本书直接上升到每年阅读100本书。如果没有持续的输入，如何持续写作？因此，不知不觉中我也养成了每日阅读的习惯。

- 每日写反思日记。反思日记这个词我是在成甲的《好好学习》一书中看到的。其实，在知道这个词之前，我就践行了一年多的时间。每日清晨写作，我总是会先总结下昨日发生的事情，反思自己的行为。这也是写作的内容之一。

- 每日在家做早餐。很多上班族早餐都是在路上匆匆解决的。我基本上每天都是在家自己做早餐。因为早起写作，如果等到出门上班的时候再吃早餐，我早就饿晕了。我每天写作到8点就开始做早餐，吃完再去上班。

在养成每日写作的习惯之后，我还在不知不觉中戒掉了一些坏习惯。

- 刷微博、刷微信朋友圈的习惯。在没有开始写作之前，总是会不停地刷微信、刷微博，时间就在不知不觉中流逝了。养成写作的习惯之后，时间变得更加宝贵，也就不愿意花时间在刷微博、微信朋友圈上了。没有刻意为之就戒掉了这个习惯。

- 在一定程度上战胜了拖延症。我以前真的是一个重度拖延症患者，做什么事情都喜欢拖拉。总是要到截止日期才去做事情。养成写作习惯之后，也慢慢变得更有行动力，做事也不像以前那么拖延了。

当每日写作持续了几年之后，我才发现，原来一个习惯可以给生活带来这么多的改变。同时写作给我带来了很多机会，我成为简书签约作者，我创建了微信公众号，我组织写作训练营，在不同平台分享写作经验锻炼了演讲能力，认识了各个领域的大咖……各种超乎想象的惊喜。

当你在培养习惯时，应该去选择培养那些抓手习惯，有了这个习惯，可以顺带养成好多其他习惯，而且你的生活也会因为这个习惯发生巨大改变。千万不要小瞧一个习惯，它带给你的力量会超出你的想象。而培养一个抓手习惯，会带来全方位的提升。

虽然培养一个习惯所需的时间并不长，但一个习惯真正发挥作用还是需要挺长一段时间的。先定一个小目标，持续行动100天，然后向1000天前进。当你达到1000天之后，你会发现持续的行动已经给你的生活带来巨大改变。

12.2 斜杠青年的写作时间和精力管理

在自媒体群体中，很大一部分人是一边上班一边业余写作的。即使一些微信公众号的大V一开始也是兼职写作运营自媒体，直到公众号粉丝积累到了一定数量，才辞职全职运营公众号。

一边有着全职工作，一边经营自己的副业，自称为"斜杠青年"。一开始写作，你要做好斜杠青年的准备。如何一边全职工作，一边业余写作？斜杠青年的时间如何管理？

‖ 白天上班，清晨早起写作

如果你是一位上班族，工作日的业余时间只有上班前和下班后这两部分。如果你选择在业余时间写作，基本上也只有这两种选项。

有些人是晨起型的，喜欢早起写作。有些人是夜猫子型的，晚上是灵感迸发时期。亦舒是一位晨起型作家。她也是一位高产作家，仅长篇小说就有一百多部。据说，她的丈夫一直很纳闷：老婆出版的一本又一本的小说，都是什么时候写出来的？因为她每天都有那么多事情要做。原来，亦舒每天凌晨三四点就起床写作，奋力写上3小时。然后，开始做早饭。这时，全家人才开始陆续起床。

我的朋友古尔浪洼，也是《职场竞争力》一书的作者，他也是一位晨起型写作者。他把一天的时间分为3部分，早晨4:30—8:00是自己的时间，主要用来阅读和写作。白天8:00—17:00是工作时间。晚上是家庭时间。

他每天早上4点半到5点之间起床，然后阅读和写作。8点准时达到办公室。当你还在睡梦中时，他已经看完一本书、写完一篇文章了。他白天需要管理自己的公司，晚上要陪伴孩子，但依然能保持日更。这些年，他一直笔耕不辍，写下了几百万字。他说早起阅读和写作的习惯已经保持了十几年。

我自己也是晨起型写作者。我每天清晨六点左右起床，简单洗漱后开始写作。写作2小时，8点之后开始做饭，然后上班。日复一日，这个习惯也保持了近三年的时间。

不要小看每天2小时，如果以1小时2000字来计算，一天也可以写4000字，写一年就可以积累146万字。

要做到晨起写作，首先要做到早睡。只有做到早睡第二天才能早起。无论多忙，都不要压缩睡眠的时间。曾在一次线下聚会时遇到一位朋友。她说，见过五六位简书签约作者，只有我是在晚上12点之前入睡的。其实，我不仅是12点之前入睡，我的入睡时间是在晚上22:30到23点之间。只有早睡，才能保证第二天自然醒，并且有充沛的精力来写作。

晨起写作的时间管理是比较简单的。

- 每天固定时间起床和写作。我基本上每天是自然醒，形成生物钟后，每天在6点左右起床。每天预留2小时写作。

- 写作时，关闭社交软件，专注写作。写作是一项需要高度集中注意力的事情，早晨的时间本身也非常宝贵，为了高效写作，在写作过程中，建议关闭社交软件。

● 设定停笔的闹钟。有时候，写着写着写嗨了会忘记时间。为了不耽误上班，可以设定停笔的闹钟，闹钟响了，无论写得多嗨都应该停笔，然后洗漱上班。停笔前，可以先把灵感概要记录下来，有时间的时候继续写。

清晨写作四大优势。

1. 早晨的时间是可控的

如果想要在早晨写作，只要比平常早起一点，把早起的时间用来写作。这段时间完全是自己的，不受外界干扰。早晨的写作时间是可以固定下来的，比如，我每天在6点半左右开始写作。

相反，如果在晚上写作，常常会因为各种事情干扰而无法固定时间，有时会因为加班或者其他突发事情无法完成当日的写作。

在早晨写作还可以顺带养成早睡早起的习惯。因为每天都要早起，自然需要早睡。

2. 早晨的大脑是鲜活的

清晨起床之后，不要打开手机，也不要看报纸杂志，在没有阅读之前就开始写作。这时候大脑是鲜活的，还没有任何文字和烦心事进入大脑。这时候也是离潜意识最近的。《成为作家》一书的作者就推荐在清晨写作。

3. 早晨的精力是最充沛的

现在人们已经不仅仅满足于时间管理了，而是强调精力管理。我们不得不承认，每个人的精力都是有限的，而且每个人的精力是有差别的。有些人精力充沛，一天可以做很多事情，而有些人的精力就不是特别旺盛，做一点事情就容易疲倦。

我属于精力不太旺盛的一类。白天工作，就会耗费大量精力，到了晚上，只能做一些不那么耗费精力的事情。写作，需要集中注意力思考，是挺耗费精力的，如果精力不充沛，有时是很难持续写下去的。

4. 在清晨写作，带来一天的好心情

既然写作是每天都要做的事情，如果在早晨就把一天必须要做的事情做完，那一天的心情都会很轻松。一件你必须做但又还没有做的事情你需要一直记着，这本身就是一个负担，也是耗费精力的。

如果到了晚上，因为太累或者突发事件没有时间做这件事，就会带着内疚或自责入睡，这也是不利于睡眠的。

在清晨写作是一天中最高效，也是最快乐的时光。写作是我每天起床的动力，迎着朝阳，奋笔疾书，不也是挺美的吗？

《意志力》一书中提到，选择做和不做都是需要消耗意志力的。而习惯不用，习惯会变成一种本能。养成每日清晨写作习惯之后，甚至都不需要思考今天是否要写作，而是习惯性地来到书桌前写作。

每日清晨写作，让写作这件事固定且可控。如何开启清晨写作之旅，以下是一些个人建议。

1. 早点起床

如果要在上班前抽时间写作，你需要比平时早起30分钟或1小时。如果你平时9点上班，也许你需要7点起床，写作1小时，然后再吃早餐去上班。

2. 找一个安静的地方写作

写作需要集中注意力，需要思考，所以最好找一个安静的地方开始写作，避免他人的打扰。如果你有独立的房间，可以关上房门，给自己创造安静的环境。

3. 不要打开手机或者微信

很多人起床后的第一件事就是先打开手机，看看微信是否有新消息。当你打开微信，你的时间很快会被微信吞噬。本来只想看看是否有新的消息，看到新消息，你需要回复，你也有可能被新推送的微信公众号文章吸引，开始阅读。当你猛然醒悟真正

要做的事是写作时，时间已经流逝了。为了高效写作，最好不要打开手机，坚决不能打开微信。

4. 不要阅读书籍和任何资讯

早晨起床之后，不要阅读任何书籍和资讯。要保持大脑的鲜活度。这时也是离潜意识最近的。

5. 不要阅读邮件

很多人起床后的第一件事是查看邮件，然后就直接进入工作模式了，开始思考应该如何回复邮件等。当你开始这么做了，你早起的30分钟不再是用来写作，而是用来工作了。起床之后，要克制查看邮件的冲动。

6. 倒一杯开水，专心致志开始写作吧

给自己倒一杯开水，集中注意力开始写作吧。用清晨的30分钟，开始创作，感受心流和写作带来的乐趣。

‖ 白天上班，晚上挑灯写作

如果你早上怎么都起不来，那就只能选择在晚上写作了。我身边有不少晚上挑灯写作的朋友。简书签约作者沈万九，他出版了做自己三部曲：《做一回久违的自己，勿忘初心》《做更"耐撕"的自己》《世界是自己的，活出你喜欢的样子》。

他写过一篇文章，名为《白天500强钩心斗角，晚上挑灯码字追梦》。他在一家世界顶级的公司工作，与此同时，在过去10年，除了上班外一直笔耕不辍，坚持创作。白天在外企工作晚上码字的生活并没有那么轻松，要取舍，要纠结。当然，码字和工作也是相得益彰。工作给写作提供了更多的素材，写作让自己对工作进行思考和反思。这样的生活，他持续了十年。

下班后写作，在时间管理方面的挑战比清晨写作要大。首先，下班后存在各种不确定性。比如，今天老板要求加班，或者要外出参加活动，或者有同学、同事、朋友

等聚餐。各种计划之外的事情发生。这时候写作计划怎么办?

其次,下班后有各种诱惑。比如,新出了一部电视剧,好想看;今天上班太累了,好想休息;柜子里总是少了一件衣服,好想去逛街……为了下班后的写作,你要对抗各种诱惑。

再者,下班后的时间其实也不充裕,写着写着常常会写到深夜,熬夜成了家常便饭,进而影响休息,耽误第二天上班。

有时候,晚上写作,太兴奋了,会难以入睡。写作过程中,大脑是处于高度专注、高度兴奋状态的,有时候写嗨了,太兴奋了,睡觉时,会久久难以入眠,影响睡眠质量。

如果你选择下班后写作,以下是一些建议。

- 每天固定写作字数。就像一直特立独行的猫,她要求自己每天写1500字,不写完不睡觉。为了持续写作,你也可以给自己设定每日固定写作字数。
- 固定写作时间。下班后,也可以固定写作时间。比如,每天20:00 ~ 22:00,在这个时间段要屏蔽干扰,关闭社交软件,专注写作。
- 设定例外情况。晚上的时间毕竟存在很多不可控的情况,可以设置一些例外的情况,在某些情况下,免除写作任务。

‖ 二娃宝妈,见缝插针写作

在我的朋友圈里有不少二娃宝妈,除了上班,陪伴孩子,还每天坚持写作。对于普通人来说,仅仅是上班和陪伴孩子就累得够呛,她们是怎么抽出时间来写作的?

以我的朋友发愤的草莓为例,她是二娃宝妈,大宝3岁,二宝1岁,她从2015年8月开始码字,至今已经写了80多万字,用8个月的时间出版了时间管理的书籍《现在就干》。

二娃宝妈如何抽出时间写作?请看发愤的草莓是怎么做的。

发奋的草莓的码字大多利用零零星星的时间完成，但其中"构思"的这个重要
环节是重头戏，需要相对专注而不受打扰的思考时间。最经典的做法就是"错峰生
活"。构思的环节结束后，剩下对于文章素材的收集、布局的构思等，都可以利用碎
片化时间搞定。

重点介绍下"错峰生活"，主要做法是利用成人和儿童睡觉的差时，具体是以下
3个步骤。

1. 培养宝宝早睡

小孩所需的睡眠时间比成人长，只要我们晚上比孩子晚睡一些，早上比他早起一
点，这两段小小的时间合在一起可以有2小时左右甚至更多。

而且这2小时左右的时间不受打扰，足以做自己喜欢的事。如果用这段时间码字
最少都有两三千字，足以成文。

为了比孩子晚睡，需要培养孩子早睡的习惯。发愤的草莓的宝宝不是天生就早睡
的，在六七个月时，也要到晚上十点多才肯上床睡觉。小孩的习惯都是家长养出来
的，家长要主动出击，先帮他们培养好这种规律感，往后生活会自在许多。

发愤的草莓看了伊丽莎白·潘特丽的《宝宝不哭——夜间安睡秘诀》，边看边实
践，三天后就把宝宝的早睡时间定格下来了。

给宝宝睡觉前建立一套程序，让他慢慢习惯这个过程。在睡前，给宝宝洗个热水
澡、穿睡衣后，父母可以陪着宝宝在房间的床上躺着。房间里所有的灯都关掉，可以
放点适合入睡的轻音乐。正是用这种方法，发愤的草莓成功地帮助宝宝养成了晚上
八九点入睡的习惯。

需要说明的是，这种方法不适合才两三个月大的宝宝，因为他们的睡眠规律还未
建立起来。

2. 比宝宝更早起

除了比宝宝晚睡一点以外，还可以通过比宝宝早起床来获得个人专注时间。

生5个娃并且上哈佛的吉田穗波，在考试复习期间是凌晨3点起来复习的，当然，她晚上很早睡。

发愤的草莓说她目前尚做不到4点起床，一般5点左右起床进行写作和日计划。这段时间里会全神贯注，如入佳境，这段时间主要用来"构思"文章。

3. 提前设定计划

到这里，你已经学会拥有自己的专属时间。要坚持做喜欢的事还有关键的一步——每天计划。

如果没有提前设定计划，好不容易挤出来的时间会被莫名其妙跳出来的事情填满，如刷朋友圈、上网淘物、浏览八卦。所以，一定要有自己的每日计划，规划好那些整块的时间。这样，等到这些专属时间出现时，就能按部就班，循序渐进地用起来。

此外，发愤的草莓还推荐了写作神器：蓝牙键盘+手机。有些家长，孩子睡觉的时候不敢开计算机，开计算机的时候孩子已经醒了，发愤的草莓的解决办法是用蓝牙键盘接上手机，这样写作的动静很小，不会吵到当时还在睡觉的宝宝。

其实，问题并不是有没有时间，而是你想不想做。只要你足够想做一件事，你总是能够找到时间来做这件事，对于写作也是如此。

写作中，时间管理其实还不是关键，关键的是精力管理。写作是一件非常耗费精力的事情。这也是我选择早晨写作的原因。对我而言，白天工作一整天，到了晚上就会精力不济，常常觉得比较累，有时无法集中注意力写作。

有些写作者坐在计算机前专注写作，可能几个小时都保持同样的姿势，这样很容易出现颈椎问题。颈椎病也是作者的职业病。作为写作者，平常更应该加强锻炼，像村上春树那样，将写作和跑步结合起来，既可以锻炼身体，还可以通过跑步时的冥想思考写作思路，是一举多得的事情。

作为一个自媒体人，一个人要活成一支队伍。对于自媒体写作者而言，写好文章只是第一步。文章定稿后，需要排版、配图、发布到不同的自媒体平台、回复读者留言、与粉丝互动等一系列工作。在刚起步阶段，你还没有自己的团队，一个自媒体人是集创作、运营、营销等职位于一身的。

除了提升写作能力，你还需要提升排版能力、搜索能力、社群运营能力、演讲能力等。自媒体人是一项高度综合的职位，需要你哪个方面都懂一点，也需要你一个人身兼数职。

12.3 如何面对他人的质疑

一开始写作你听到的质疑声会大于掌声。

你的家人也许会不同意。上班已经这么累了，还折腾写作干什么？你还真以为自己有写作天赋啊。家人的心是好的，他们不希望你太累。而且，一开始写作确实看不到什么收获。文章阅读量寥寥，没有人找你约稿，也没有任何稿费收入。家人会认为这是在做无用功。

你的朋友们也许会疏远你。平常大家一起吃饭聊天逛街打游戏。突然间，找你逛街没时间，找你聊天你居然没看过最新的电视剧，跟你简直没有共同语言。如果他们得知你在写作，也许会嘲笑你，因为大家本来是一样的，而你现在变得跟他们不一样了。

因此，一开始的写作之路并不是那么顺畅，你要有足够的耐心。一方面自己的写作水平比较差，另一方面，别人看不到你写作的价值。这时你对写作的热爱及你的持续行动力就显得尤为重要了。

你要相信，谁都是从写得不好慢慢变成写得好的。当他人怀疑你时，你不需要费太多口舌去解释，而是用自己的行动来做出回应。行动的人生不需要解释。当有一天你的写作给你带来影响力有人找你约稿、有出版社联系你出书，或者靠着业余运营自媒体收入可观时，是对那些质疑声音的最好回应。

还有一些学员会给我留言：我写的文章吐露了一些私事，不好意思让朋友看到，怎么办？文章在一定程度上会吐露内心的真实想法，如果你不想让他人看到，要么设置为私密文章，要么想个笔名，不要用真实的名字发布。

一开始写作，内心是比较脆弱的，要好好呵护这颗写作的初心。开启写作之旅后要时时回想写作的初心，不要写着写着就忘记了当初为什么而出发。

刚开始写作的人往往一开始用力过猛。比如，刚写了一篇文章就发布在朋友圈，私信发给通讯录里的所有人，恨不得全世界都知道自己在写作了。这时如果阅读量很小，同伴的回应很冷淡，往往会自尊心受挫，甚至产生我是不是没有写作天赋的疑问。我经常在简书或者公众号收到读者的私信或留言：老师，你帮我看下这篇文章，为什么阅读量这么低？我点开他的主页，发现只写了一篇文章。我们毕竟都不是天才，不至于写一篇文章就一鸣惊人。那些你所看到的优秀写作者在你知道他们名字前已经写了十多年了。写一篇文章和写一千篇文章的差距是显而易见的。

因此，我常常建议初学者，在刚开始写作时，可以先自己默默写几天，先习惯写作状态，再把文章发布到网络上，而不是一上来写了一篇就发布。当你一开始写作时就把注意力放在有多少读者阅读你的文章、为什么文章的阅读量这么低，你的注意力就分散了。你用来提升写作能力的注意力就减少了。没有谁是可以随随便便成功的，别人的成功背后有着你所看不见的汗水。

第 *13* 章

如何度过写作
瓶颈期

即使是一流的作家，在写作生涯中也会多次遇到写作瓶颈期。很多人放弃写作都是在写作遇到瓶颈期的时候。他们觉得把自己掏空了，什么都写不出来了。本章重点讲述如何度过写作瓶颈期，介绍5个方法帮助你顺利度过。

　　此外，本章会分析写作过程中遇到的各种困难：写作爱拖延怎么办？写作时痛苦地写不下去怎么办？如何保持写作的热情？

　　相信我，你并不孤独。在写作过程中，你遇到的问题别的写作者也会遇到。

13.1　度过写作瓶颈期的5个方法

在写作过程中我也多次遇到过瓶颈期。有时候会沮丧地发现，自己好像写不出文章来了。一方面，我自己写不出文章来，另一方面，看着别人的文章那么受欢迎而自己却进入了创作瓶颈期，内心更加焦急了。

遇到写作瓶颈期是非常正常的，创作本来就是周期性的，有高潮，有低谷。那么如何度过写作瓶颈期？

‖ 在瓶颈期，最重要的是不要否定自己

不要怀疑自己的创作能力。有一段时间写不出来是很正常。《成为作家》一书中也有提到一些间歇性作家，在写出一部优秀的作品之后，可能会很长时间写不出东西来。

《再活一次——用写作来调心》一书的作者写道：从某一方面来说，每一回坐下来开始写作我们都必须重返初写者的心灵状态。两个月前我们写了篇好文章，但这并不能担保我们能再一次写出佳作，这事可是说不准的。说实在的，每一回动笔，我们都在纳闷自己以前到底是怎么做到的。每一回都是一趟新的旅程，而且没有地图。

每个作家都会遇到瓶颈期，甚至暂时写不出来的时期，村上春树也曾经历低潮"心中僵硬得写不出东西"，他为了能写得更久些日复一日地坚持长跑。

但是很多作者，在遇到瓶颈期时就会开始怀疑自己，觉得自己没有创作的天赋，干脆放弃算了。如果因为遇到瓶颈期就放弃创作是非常可惜的，所以在这个阶段，最重要的是不要否定自己。

‖ 把写作当成练习，不要停笔

即使是在瓶颈期我也不愿意搁笔，一直保持写的习惯。就像《再活一次——用写作来调心》一书的作者写的那样：把写作当成练习。这里是写作练习，和跑步一样，越常练习，表现越佳。有兴致也好，没兴致也罢，你都得练习，可不能坐等灵感来了，想跑的欲望涌现了，才开步前进。灵感和欲望绝对不会自动来报到，尤其当你身材已经变形，一直在逃避，更休想它们会来。所以，即使我写的是一文不值、没有人看的文章，我也要持续写下去。我只是要保持写的习惯，而且在写的过程中也许灵感会降临。

《成为作家》一书中写道：在你整个写作生涯中，不论何时，只要你面临才思枯竭的危险（即使才思最敏捷的作家也会时不时遭遇这样的危险），记住把铅笔盒、纸张放在你床边的桌子上，早上醒来就开始写作。我发现这个方法真的很有效。是我所看过的写作类书籍中最有效的一个方法，如果一直实践这个方法，我觉得自己可以一直写下去的，即使在瓶颈期也可以写下去。

‖ 降低写作的期待

到了创作低潮期要降低写作的期望，不要期望写出优秀的作品。给自己一个时间段，为自己而写，想写什么就写什么。要降低自己的期望。你可以随便写点心情日记，记录生活点滴，不要期望自己写出优秀的作品。当你心里没有过高的期望时，也就可以享受写作带来的乐趣了。

在写心情日记的时候说不定就会有灵感激发出来。很多时候，灵感是在写的过程中产生的。

‖ 大量输入和充电

写作是一种输出方式，你想要有持续不断的输出必须有持续的输入。当你创作思路枯竭时，也说明你的输入无法满足你的输出了。所以，每次当你觉得自己写不出文章来时，说明你该大量提升自己的输入。这个输入不仅限于阅读、看电影、参加活动等，还有很多其他方式，如旅行、听别人的故事等。

当我遇到写不出文章的时候，我就会去看书和看电影，或者找人聊天。在大量阅读之后又会迎来新的创作高潮期。

‖ 远离或者忽视批评的声音

处于创作瓶颈期，要远离和忽视批评的声音。这个时期自己很脆弱，别人的批评会给自己致命一击，也许真的会放弃写作，所以要尽量远离批评。即使看到了也当作没有看到，不要因此苛责自己。要相信自己，终究是能够度过暂时瓶颈期的。

13.2 写作总是拖延怎么办

虽然长期写作，但有时候还是会拖延。后来发现，不少作者都会拖延，之前阅读张爱玲的散文集，她提到常常被编辑催稿，还看过一个百万粉丝公众号的主笔拖延着不开始写作的视频，发现自己跟他的行为太像了。有时候，明明知道时间不够了，还是会各种拖延。记得有一次，周日要写完一篇约稿的文章，于是我周日早晨就空出时间来写，结果一早上一会儿看看新闻，一会儿看看视频，一会儿又要洗头发，到了中午吃饭时间，还是没有动笔。中午吃完饭，睡了个午觉，起床又看了一会微信消息及公众号的文章，到了下午四点还没有动笔写。最后以约稿拖延为主题写了一篇文章

《明明来不及了，为什么还要浪费时间？》，分析了自己拖延的原因。写完这篇文章我才进入写作状态，在晚上写完了约稿文章。我总结自己写作拖延，主要是因为以下两个原因。

1. 逃避困难

我们拖延其实是逃避困难。写一篇文章，从构思到组织语言，再到写出初稿，然后再修改，并不是一件容易的事情。在网上看看别人写的文章，看看八卦新闻，是多么容易的一件事。潜意识里害怕困难，因此宁愿去做一些简单的事情，也不愿意动笔写作。本质上就是逃避困难。

为什么我们想要逃避困难？根源是恐惧。一方面是源自内心的恐惧，害怕自己写不好，害怕自己犯错，宁愿不动笔，这样就不会犯错了。另一方面是过分在意他人评价而产生的恐惧。害怕写完文章，编辑回复说写得太差，需要重新写，也害怕读者批评自己的文章。因此，即使时间来不及了，我们还是在浪费时间，就是为了逃避困难。

2. 给自己太高的期望

我在写作课中常常讲到，写作时，不要给自己太大压力，要把写和修改分开。这样，写作的时候就不会因为压力过大而不愿意动笔。

可是遇到约稿的时候无形之中就会给自己增加压力：这篇文章必须要好好写，才能通过审核。因为对自己有这样的心理暗示，我就不敢动笔了。打开文档，写了几行字，哎呀，不行，写得太差了，这样的文章怎么可能通过投稿，然后删除。

写写删删，一小时过去还没写几百字，甚至没确定具体要写什么主题和故事，但时间耗费了，心里觉得很痛苦。就像娜塔莉说的："要是你每一回一坐下都期待着要写伟大作品，那么写作带给你的永远只有大大的失望。此外，那份期待也会让你迟迟无法动笔。"每次写约稿文章都很痛苦，十有八九是因为心里有太高的期待。

‖ 解决写作拖延的方式

1. 5分钟自由书写

用5分钟的时间把内心的恐惧畅快地写出来，写完之后，就能够流畅地写文章。我记得之前看过一本书，有一位小说家在每次动笔写小说之前都会先花10分钟在纸上写自己内心的恐惧，比如，自己写得那么差，居然还妄想写小说……她把内心的恐惧完全写出来之后才能够开始顺畅地写作。她把那一页撕掉，立马进入写小说的状态。

我觉得这样的方式很有效。为了排解内心的恐惧、担忧和自责，可以用自由写作的方式写出来。写完之后，心情就舒畅了很多，也就能够集中注意力来克服困难。

2. 婴儿学步的方式

如果你的目标是要写一篇10w+阅读量的文章，你的写作压力会很大，大脑就会下意识地逃避困难。把一篇文章拆解出来，用婴儿学步的方式来写作。比如，先确定主题，再写100字的初稿等。把一篇文章拆解成一个个小步骤，从很小的步骤开始写，这样就不会有太大压力。

3. 用小黑屋软件来写初稿

一般都是写初稿的时候容易拖延，而且一遇到困难就会被网络上的各种资讯吸引而把写作丢在一边。在写初稿的时候要对自己狠一点，用小黑屋的锁定功能来写作，不写完初稿计算机就不能做任何事。这样可以排除干扰，让自己集中注意力写作。

4. 完成比完美更重要

我们在构思一篇文章时，总是希望自己一遍就能写出完美的文章，但一下笔就觉得自己写得各种不好，因此改改删删，花了很长时间。我们要把"写"和"修改"分开来，对于初稿而言，完成比完美更重要。写完初稿再仔细地修改。

以上4个方法可以帮助你克服写作过程的拖延，高效地写完一篇文章。

13.3　写作时痛苦得写不下去怎么办

虽然自由写作的时候能够体验到写作带来的快感，但写作并不总是一件愉快的事情。写公开的文章，尤其是写书的过程，其实是一个痛苦的过程。

我在写作本书时就有多次痛苦的体验，有好几次觉得写不下去。有一天晚上，我修改书稿觉得改不下去，我对着书稿号啕大哭，一边哭一边说：我写不下去了，怎么办？过了一会，我站起来，对着墙壁大哭。

当我很痛苦时，我想起严歌苓分享的一段经历。她说"每写一本书都会有两到三段黑暗期，感觉再也无法完成了"。在写《陆犯焉识》时，严歌苓多次在深夜跟先生一边喝着红酒一边哭着说自己没有才华了，写不了这个东西了，怎么自己写得那么臭啊？更难受的时候会用头去撞墙。在黑暗期，她觉得《陆犯焉识》从头到尾都是败笔，觉得自己写不下去了，写完这个就江郎才尽了。那个时候在严歌苓看来就是"连自己都不能相信自己，柔弱到不堪一击"。

那天晚上的痛苦感觉我至今记忆深刻。痛苦过之后第二天早晨还是要继续写作。但神奇的是，经过痛苦的经历，第二天再次写作时，仿佛有源源不断的灵感，又可以继续写下去了。这种感觉，就像是久旱逢甘露，或一个不能说话的人突然可以开口说话了。那种欣喜，真是难以言表。

当我写不下去时，我会想起其他写作者，我对自己说：你并不孤独，其他人也有类似经历。这也是我为什么在本书最后分享这一段经历的原因，就是想要告诉你，你并不孤独。痛苦的经历谁都会有，你要相信，每次挨过痛苦的时刻你又将迎来创作高峰，这是痛苦带给你的馈赠。

再说，做自己热爱的事情并不意味着你在做这件事时都是快乐没有痛苦的。如果你足够热爱一件事，你就愿意承受它所带来的痛苦，是痛并快乐着的过程。如果你足够热爱写作，我相信你也愿意承受这些痛苦的时刻。

这是在本书结尾时我想与你分享的。愿你真正爱上写作，爱上它带给你的心流，也愿意承受它带给你的痛苦，这才是真爱。

13.4　如何保持写作的热情

写作一段时间之后就没有热情了，怎么办？如何保持写作的热情，持续写下去？

‖不忘初心，方得始终

想清楚自己为什么要写作，在写作过程中，时刻提醒自己写作的初心。对我而言，写作的初心是记录自己的所思所想，这是我持续写作的动力。

‖寻找你的榜样

你可以列出你最喜欢的作家，用榜样的力量不断激励自己。我自己非常敬佩的作家有杨绛先生、季羡林先生、村上春树等。

杨绛先生在96岁高龄时出版了《走到人生边上》，给我非常大的感动。96岁高龄的人还在写作，我有什么理由懈怠呢？而我自己对写作的期望也是：爱上写作，一生笔耕不辍。一生都保持写作的习惯。我喜欢村上春树是因为他的耐心和韧性。除了写作，他还是马拉松跑者。他用独特的方式保持着几十年笔耕不辍，作品不断。

你也可以去寻找自己的role model。当你写作遇到瓶颈时，榜样是最好的鼓励。

‖ 找志同道合的伙伴一起写作

一个人写作很孤独，往往无法坚持。加入社群，与志同道合的小伙伴们一起写作。看到别人在持续写作，自己的积极性也会被带动起来。

我之所以能够持续写作，主要有两点：第一，我晨起写作，在固定的时间固定的地点每天做同一件事，养成了习惯。第二，我组织"21天爱上写作训练营"，与志同道合的小伙伴们一起写作。

一个人可以走得更快，一群人可以走得更远。与社群小伙伴们一起写作，看着他们的写作热情，也会感染我。虽然我已经持续写作很久，但每一次新组织一期活动，就像重新开始写作一样，又打满了鸡血。最后，与你分享一句话：100%的坚持比98%的坚持更容易实现。当你不再找借口时，你更容易坚持下去。

结语　来吧！动手写本属于你自己的书

当你阅读到这里时，本书的阅读旅程基本结束了。感谢你坚持到现在，看到了最后一章。我要鼓励你开始动手写一本属于你自己的书。

也许，你会觉得，自己的水平还不足以开始写一本书，但我依然要鼓励你，开始吧，写一本属于你自己的书。

我曾写过这样一段话：**光阴易逝，岁月易老，何不拿起纸笔，写一本属于自己的书？**用这本书记录自己的喜怒哀乐，爱恨情愁，用这本书记录自己的所思所想，记录或柴米油盐的平凡生活，或波澜壮阔的传奇人生。

这本书不一定要出版，当然能够出版最好。这本书肯定会是你人生中最珍贵的礼物。当你写完这本书时，一定要给自己一个大大的微笑，然后去庆祝一番。就像我即将要写完这本书一样，也是感慨万千。

写一篇文章是容易的，写一本书是困难的，而且写一本书的过程可能是痛苦的，无数次，你会自我怀疑，你觉得自己写得太差了，你甚至想要放弃，感觉写不下去了，但你还是咬牙坚持，当你挺过那些艰难时刻，看着这本书完稿时，你内心的激动心情是难以言表的。那种感觉，也许只有写过一本书或者十月怀胎生过孩子的妈妈才能理解。写一本书就像孕育一个孩子，看着一本书出版，就像看着自己的孩子呱呱坠地一样。

此刻，我即将要写完这本书，我的内心充满了感恩和喜悦。要感谢的人很多，但有一个人必须要感谢，那就是我自己，不管多么沮丧和痛苦，我终究是挺过来了，我终究写完了这本书。

这本书的写作比我想象的要困难得多，所花的时间也比我预料的要长得多。当你在写书时，也会遇到各种困难，也会有自我怀疑，但是相信我，你并不孤单。不要被困难轻易打败，有很多作者在写书过程中都遇到类似困难，他们都挺过去了，你也可以，要相信自己。

希望你开启美好的写作之旅，也希望你能够爱上写作，一生笔耕不辍！我在写作的道路上等你，让我们一起并肩前行。